英検®
過去問題集
2024 年度

Gakken

5 ㊕

別 冊 試 験 問 題

解 答 欄

問題番号	1 2 3 4
1	
(1)	① ② ③ ④
(2)	① ② ③ ④
(3)	① ② ③ ④
(4)	① ② ③ ④
(5)	① ② ③ ④
(6)	① ② ③ ④
(7)	① ② ③ ④
(8)	① ② ③ ④
(9)	① ② ③ ④
(10)	① ② ③ ④
(11)	① ② ③ ④
(12)	① ② ③ ④
(13)	① ② ③ ④
(14)	① ② ③ ④
(15)	① ② ③ ④

解 答 欄

問題番号	1 2 3 4
2	
(16)	① ② ③ ④
(17)	① ② ③ ④
(18)	① ② ③ ④
(19)	① ② ③ ④
(20)	① ② ③ ④

解 答 欄

問題番号	1 2 3 4
3	
(21)	① ② ③ ④
(22)	① ② ③ ④
(23)	① ② ③ ④
(24)	① ② ③ ④
(25)	① ② ③ ④

リスニング解答欄

問題番号	1 2 3 4
例題	① ② ●
第1部 No.1	① ② ③
No.2	① ② ③
No.3	① ② ③
No.4	① ② ③
No.5	① ② ③
No.6	① ② ③
No.7	① ② ③
No.8	① ② ③
No.9	① ② ③
No.10	① ② ③
第2部 No.11	① ② ③ ④
No.12	① ② ③ ④
No.13	① ② ③ ④
No.14	① ② ③ ④
No.15	① ② ③ ④
第3部 No.16	① ② ③
No.17	① ② ③
No.18	① ② ③
No.19	① ② ③
No.20	① ② ③
No.21	① ② ③
No.22	① ② ③
No.23	① ② ③
No.24	① ② ③
No.25	① ② ③

20■ 年度・第■回　5級　解答用紙

注意事項
① 解答にはHBの黒鉛筆（シャープペンシルも可）を使用し, 解答を訂正する場合には消しゴムで完全に消してください。
② 解答用紙は絶対に汚したり折り曲げたり, 所定以外のところへの記入はしないでください。

解 答 欄

問題番号	1 2 3 4
(1)	① ② ③ ④
(2)	① ② ③ ④
(3)	① ② ③ ④
(4)	① ② ③ ④
(5)	① ② ③ ④
(6)	① ② ③ ④
(7)	① ② ③ ④
1 (8)	① ② ③ ④
(9)	① ② ③ ④
(10)	① ② ③ ④
(11)	① ② ③ ④
(12)	① ② ③ ④
(13)	① ② ③ ④
(14)	① ② ③ ④
(15)	① ② ③ ④

解 答 欄

問題番号	1 2 3 4
(16)	① ② ③ ④
(17)	① ② ③ ④
2 (18)	① ② ③ ④
(19)	① ② ③ ④
(20)	① ② ③ ④

解 答 欄

問題番号	1 2 3 4
(21)	① ② ③ ④
(22)	① ② ③ ④
3 (23)	① ② ③ ④
(24)	① ② ③ ④
(25)	① ② ③ ④

リスニング解答欄

問題番号	1 2 3 4
例題	① ② ●
No.1	① ② ③
No.2	① ② ③
No.3	① ② ③
No.4	① ② ③
第1部 No.5	① ② ③
No.6	① ② ③
No.7	① ② ③
No.8	① ② ③
No.9	① ② ③
No.10	① ② ③
No.11	① ② ③ ④
No.12	① ② ③ ④
第2部 No.13	① ② ③ ④
No.14	① ② ③ ④
No.15	① ② ③ ④
No.16	① ② ③
No.17	① ② ③
No.18	① ② ③
No.19	① ② ③
第3部 No.20	① ② ③
No.21	① ② ③
No.22	① ② ③
No.23	① ② ③
No.24	① ② ③
No.25	① ② ③

解 答 欄

問題番号	1	2	3	4
(1)	①	②	③	④
(2)	①	②	③	④
(3)	①	②	③	④
(4)	①	②	③	④
(5)	①	②	③	④
(6)	①	②	③	④
(7)	①	②	③	④
(8)	①	②	③	④
(9)	①	②	③	④
(10)	①	②	③	④
(11)	①	②	③	④
(12)	①	②	③	④
(13)	①	②	③	④
(14)	①	②	③	④
(15)	①	②	③	④

（問題番号 **1**）

解 答 欄

問題番号	1	2	3	4
(16)	①	②	③	④
(17)	①	②	③	④
(18)	①	②	③	④
(19)	①	②	③	④
(20)	①	②	③	④

（問題番号 **2**）

解 答 欄

問題番号	1	2	3	4
(21)	①	②	③	④
(22)	①	②	③	④
(23)	①	②	③	④
(24)	①	②	③	④
(25)	①	②	③	④

（問題番号 **3**）

リスニング解答欄

問題番号	1	2	3	4
例題	①	②	●	
No.1	①	②	③	
No.2	①	②	③	
No.3	①	②	③	
No.4	①	②	③	
No.5	①	②	③	
No.6	①	②	③	
No.7	①	②	③	
No.8	①	②	③	
No.9	①	②	③	
No.10	①	②	③	
No.11	①	②	③	④
No.12	①	②	③	④
No.13	①	②	③	④
No.14	①	②	③	④
No.15	①	②	③	④
No.16	①	②	③	
No.17	①	②	③	
No.18	①	②	③	
No.19	①	②	③	
No.20	①	②	③	
No.21	①	②	③	
No.22	①	②	③	
No.23	①	②	③	
No.24	①	②	③	
No.25	①	②	③	

第1部：No.1〜No.10
第2部：No.11〜No.15
第3部：No.16〜No.25

20■ 年度・第■回　5 級　解 答 用 紙

解 答 欄

問題番号	1 2 3 4
1 (1)	① ② ③ ④
(2)	① ② ③ ④
(3)	① ② ③ ④
(4)	① ② ③ ④
(5)	① ② ③ ④
(6)	① ② ③ ④
(7)	① ② ③ ④
(8)	① ② ③ ④
(9)	① ② ③ ④
(10)	① ② ③ ④
(11)	① ② ③ ④
(12)	① ② ③ ④
(13)	① ② ③ ④
(14)	① ② ③ ④
(15)	① ② ③ ④

解 答 欄

問題番号	1 2 3 4
2 (16)	① ② ③ ④
(17)	① ② ③ ④
(18)	① ② ③ ④
(19)	① ② ③ ④
(20)	① ② ③ ④

解 答 欄

問題番号	1 2 3 4
3 (21)	① ② ③ ④
(22)	① ② ③ ④
(23)	① ② ③ ④
(24)	① ② ③ ④
(25)	① ② ③ ④

リスニング解答欄

問題番号	1 2 3 4
例題	① ② ●
第1部 No.1	① ② ③
No.2	① ② ③
No.3	① ② ③
No.4	① ② ③
No.5	① ② ③
No.6	① ② ③
No.7	① ② ③
No.8	① ② ③
No.9	① ② ③
No.10	① ② ③
第2部 No.11	① ② ③ ④
No.12	① ② ③ ④
No.13	① ② ③ ④
No.14	① ② ③ ④
No.15	① ② ③ ④
第3部 No.16	① ② ③
No.17	① ② ③
No.18	① ② ③
No.19	① ② ③
No.20	① ② ③
No.21	① ② ③
No.22	① ② ③
No.23	① ② ③
No.24	① ② ③
No.25	① ② ③

解　答　欄

問題番号	1 2 3 4
1	(1) ① ② ③ ④
	(2) ① ② ③ ④
	(3) ① ② ③ ④
	(4) ① ② ③ ④
	(5) ① ② ③ ④
	(6) ① ② ③ ④
	(7) ① ② ③ ④
	(8) ① ② ③ ④
	(9) ① ② ③ ④
	(10) ① ② ③ ④
	(11) ① ② ③ ④
	(12) ① ② ③ ④
	(13) ① ② ③ ④
	(14) ① ② ③ ④
	(15) ① ② ③ ④

解　答　欄

問題番号	1 2 3 4
2	(16) ① ② ③ ④
	(17) ① ② ③ ④
	(18) ① ② ③ ④
	(19) ① ② ③ ④
	(20) ① ② ③ ④

解　答　欄

問題番号	1 2 3 4
3	(21) ① ② ③ ④
	(22) ① ② ③ ④
	(23) ① ② ③ ④
	(24) ① ② ③ ④
	(25) ① ② ③ ④

リスニング解答欄

	問題番号	1 2 3 4
	例題	① ② ●
第1部	No.1	① ② ③
	No.2	① ② ③
	No.3	① ② ③
	No.4	① ② ③
	No.5	① ② ③
	No.6	① ② ③
	No.7	① ② ③
	No.8	① ② ③
	No.9	① ② ③
	No.10	① ② ③
第2部	No.11	① ② ③ ④
	No.12	① ② ③ ④
	No.13	① ② ③ ④
	No.14	① ② ③ ④
	No.15	① ② ③ ④
第3部	No.16	① ② ③
	No.17	① ② ③
	No.18	① ② ③
	No.19	① ② ③
	No.20	① ② ③
	No.21	① ② ③
	No.22	① ② ③
	No.23	① ② ③
	No.24	① ② ③
	No.25	① ② ③

解 答 欄

問題番号	1 2 3 4
(1)	① ② ③ ④
(2)	① ② ③ ④
(3)	① ② ③ ④
(4)	① ② ③ ④
(5)	① ② ③ ④
(6)	① ② ③ ④
(7)	① ② ③ ④
1 (8)	① ② ③ ④
(9)	① ② ③ ④
(10)	① ② ③ ④
(11)	① ② ③ ④
(12)	① ② ③ ④
(13)	① ② ③ ④
(14)	① ② ③ ④
(15)	① ② ③ ④

解 答 欄

問題番号	1 2 3 4
(16)	① ② ③ ④
(17)	① ② ③ ④
2 (18)	① ② ③ ④
(19)	① ② ③ ④
(20)	① ② ③ ④
(21)	① ② ③ ④
(22)	① ② ③ ④
3 (23)	① ② ③ ④
(24)	① ② ③ ④
(25)	① ② ③ ④

リスニング解答欄

問題番号	1 2 3 4
例題	① ② ●
No.1	① ② ③
No.2	① ② ③
No.3	① ② ③
第1部 No.4	① ② ③
No.5	① ② ③
No.6	① ② ③
No.7	① ② ③
No.8	① ② ③
No.9	① ② ③
No.10	① ② ③
No.11	① ② ③ ④
No.12	① ② ③ ④
第2部 No.13	① ② ③ ④
No.14	① ② ③ ④
No.15	① ② ③ ④
No.16	① ② ③
No.17	① ② ③
No.18	① ② ③
No.19	① ② ③
No.20	① ② ③
第3部 No.21	① ② ③
No.22	① ② ③
No.23	① ② ③
No.24	① ② ③
No.25	① ② ③

▶採点後，筆記試験1と2，3の合計およびリスニングテストで正解した問題の数を下の表に記入しよう。記入が終わったら，本冊p.94の分析ページでチャートを作ろう。

得点記入欄

筆記			
1	/15点	2＋3	/10点
リスニング			
第1部＋第2部＋第3部			/25点

英検®
過去問題集
2024 年度

別冊

Gakken

5 級

この本の特長と使い方

この本は，英検の過去問題5回分と，自分の弱点がどの部分かを発見できる「合格力チェックテスト」を収録した問題集です。読解やリスニングなど，さまざまな力が試される「英検（実用英語技能検定）」。この本をどう使えば英検合格に近づけるかを紹介します！

過去問＆合格力チェックテストで弱点をなくせ！

本番のテストで勉強して実力アップ！
過去問題5回

まずは英検の過去問題を解いてみましょう！
自分の実力を知るいちばんの近道です。
この本では，過去5回分の試験問題を掲載しています。
リスニング問題5回分をすべて収録したアプリ音声もついているので，筆記試験，リスニングテストの対策がこの1冊でできます。

※アプリ音声については，当冊子4ページをご覧ください。
※MP3形式のダウンロード音声にも
　対応しています。

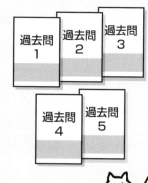

たくさん問題を解いて，
英検の問題に慣れよう！

弱点を知って実力アップ！
合格力チェックテスト1回

次に，大問ごとに自分の実力を診断できる「合格力チェックテスト」を解きましょう。
解答と解説94ページには，苦手分野を克服するためのアドバイスが書かれています。これを参考にしながら，本番に向け，さらに勉強を進めましょう。

合格力
チェック
テスト

合格力診断チャートの使い方に
ついては右のページをチェック！

合格力診断チャートはこう使う！

「合格力チェックテスト」の結果を分析できるのが"合格力診断チャート"です。ここでは，合格力診断チャートの使い方を解説します。

1 合格力チェックテストを解く

▲英検によく出る単語や表現で構成された実戦的なテストに挑戦しましょう。

2 答え合わせをする

▲筆記テスト，リスニングテストの正解数をそれぞれ数えましょう。

3 診断チャートに書きこむ

▲解答と解説94ページの合格力診断チャートに正解数を書きこみます。

● 合格力診断チャートで自分の実力をチェック！

正解数を合格力診断チャートに記入し，線で結びます。合格の目安となる合格ライン以下だった大問は対策が必要です。合格力診断チャートの下にある「分野別弱点克服の方法」を読んで，本番までにニガテを克服しておきましょう。

正解数が少ない分野の対策をすれば，効率よく得点アップが狙えるよ。

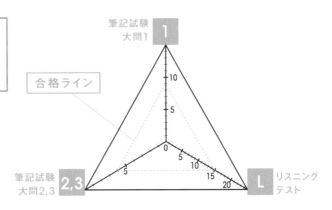

リスニング音声の利用方法

この本の音声は，専用音声アプリで聞くことができます。スマートフォンやタブレット端末から，リスニングテストの音声を再生できます。アプリは，iOSとAndroidに対応しています。

スマートフォン用　リスニングアプリ

①サイトからアプリをダウンロードする
右の2次元コードを読み取るか，URLにアクセスしてアプリをダウンロードしてください。

②アプリを立ち上げて『英検過去問題集』を選択する
本書を選択するとパスワードが要求されるので，次のパスワードを入力してください。

| パスワード | ihkwatr5 |

ダウンロードはこちら！

https://gakken-ep.jp/extra/myotomo/

パソコン用　MP3音声ダウンロード

パソコンから下記URLにアクセスし，ユーザー名とパスワードを入力すると，MP3形式の音声ファイルをダウンロードすることができます。再生するには，Windows Media PlayerやiTunesなどの再生ソフトが必要です。

https://gakken-ep.jp/extra/eikenkako/2024/

| ユーザー名 | eikenkako2024 | パスワード | ihkwatr5 |

どちらかの方法で音声を聞こう！

注意事項
・お客様のネット環境および携帯端末によりアプリをご利用になれない場合，当社は責任を負いかねます。ご理解，ご了承いただきますよう，お願いいたします。
・アプリケーションは無料ですが，通信料は別途発生いたします。
※その他の注意事項はダウンロードサイトをご参照ください。

もくじ

これだけはおさえておきたい!

受験パーフェクトガイド

英検は,文部科学省後援の検定として人気があり,入試などでも評価されています。ここでは,英検5級を受験する人のために,申し込み方法や試験の行われ方などをくわしく紹介します。

5級の試験はこう行われる!

● 一次試験は筆記とリスニング

5級の一次試験は筆記25分,リスニングテスト約22分の合計約47分。筆記試験もリスニングテストも,解答はすべてマークシート方式です。

● 自宅の近くや学校で受けられる

一次試験は,全国の多くの都市で実施されています。だいたいは,自宅の近くの会場や,自分の通う学校などで受けられます。

● 試験は年3回行われる

一次試験(本会場)は,6月(第1回)・10月(第2回)・1月(第3回)の年3回行われます。申し込みの締め切りは,試験日のおよそ1か月前です。

● スピーキングテストについて

一次試験の合否にかかわらず,5級の受験申し込み者全員が受験できます。合否結果が記載された成績表に英検IDとパスワードが記載されているので,自宅や学校などのネット環境の整った端末から専用サイトにアクセスして受験します。
(くわしくは当冊子19ページ参照)

◉ 団体申し込みと個人申し込みがある

英検の申し込み方法は, 学校や塾の先生を通じてまとめて申し込んでもらう団体申し込みと, 自分で書店などに行って手続きする個人申し込みの2通りがあります。小・中学生の場合は, 団体申し込みをして, 自分の通う学校や塾などで受験することが多いようです。

◉ まず先生に聞いてみよう

小・中学生の場合は, 自分の通っている学校や塾を通じて団体申し込みをする場合が多いので, まずは担任の先生や英語の先生に聞いてみましょう。
団体本会場 (公開会場) 申し込みの場合は, 先生から願書 (申し込み用紙) を入手します。必要事項を記入した願書と検定料は, 先生を通じて送ってもらいます。試験日程や試験会場なども英検担当の先生の指示に従いましょう。
＊自分の通う学校や塾などで受験する「団体準会場受験」の場合, 申し込みの際の願書は不要です。

◉ 個人で申し込む場合はネット・コンビニ・書店で

個人で受験する場合は, 次のいずれかの方法で申し込みます。

▶インターネット
英検のウェブサイト (https://www.eiken.or.jp/eiken/) から申し込む。

▶コンビニエンスストア
店内の情報端末機から直接申し込む。(くわしくは英検のウェブサイトをご覧ください。)

▶書店
英検特約書店 (受付期間中に英検のポスターが掲示されています) に検定料を払い込み,「書店払込証書」と「願書」を英検協会へ郵送する。

申し込みなどに関するお問い合わせは, 英検を実施している
公益財団法人 日本英語検定協会まで。

- 英検ウェブサイト　　　　　　https://www.eiken.or.jp/eiken/
- 英検サービスセンター　　　　☎03-3266-8311

＊英検ウェブサイトでは, 試験に関する情報・入試活用校などを公開しています。

英検CSEスコアについて知っておこう！

● 英検CSEスコアのしくみ

英検の成績表は「英検CSEスコア」で示されます。これにより国際規格CEFRに対応したユニバーサルなスコア尺度で，英語力を測定することができます。

一次試験では，Reading（読む），Writing（書く），Listening（聞く）の3技能ごとにスコアが算出され，総合得点が合格基準スコアを上回れば合格です。

二次試験では Speaking（話す）のスコアが算出されます。

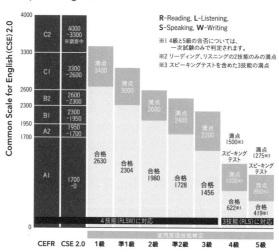

出典：「公益財団法人 日本英語検定協会ウェブサイト」より

● 「英検バンド」って何？

「英検バンド」とは，合格ラインから自分がどのくらいの位置にいるかを示す指標のこと。英検CSEスコアと合否をもとに判定するもので，各級の合格スコアを起点としてスコアを25点ごとに区切り，「＋1」や「ー1」といった数値で表されます。これにより，合格ラインまでの距離がわかります。

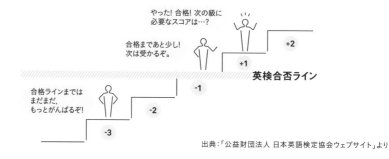

出典：「公益財団法人 日本英語検定協会ウェブサイト」より

当日の準備と流れを確認しよう!

初めて英検を受ける人の中には,試験がどんなふうに行われるのか不安に思っている人もいると思います。このページでは,試験当日の流れを順番に紹介します。これさえ読めばもう安心です!

◉ 当日の流れ

1 受付

▼ 当日は一次受験票または受験許可証を必ず持参しましょう。5級の場合は,受験票を持っていれば,受付での確認はしないので,そのまま教室へ向かいましょう。

2 教室へ移動

▼ 自分の受験する教室を確認し,着席します。受験番号によって教室がちがうので,よく確認すること。席に着いたら,受験票を机の上に出しておきましょう。また,携帯電話・スマートフォンの電源は切っておきましょう。

3 冊子の配布

▼ 問題冊子と解答用紙が配られます。受験者心得の放送に従って,解答用紙に必要事項を記入しましょう。

4 試験開始

▼ 試験監督の合図で筆記試験開始! 試験監督の指示に従い,落ち着いてのぞみましょう。

一次試験 持ち物チェックリスト

この本でしっかり勉強したら, あとは試験日を待つだけ。でも, 当日必要な受験書類などを忘れてしまっては, せっかくの努力が水の泡！ そんな事態を避けるためにも, 持ち物をチェックし, 試験本番に備えましょう。

必ず持っていくもの

- ◯ 一次受験票, または受験許可証
- ◯ HBの黒鉛筆やシャープペンシル（ボールペンは不可）
- ◯ 消しゴム
- ◯ 上ばき

※団体準会場受験の場合は, 受験票は手元にありませんので, 先生の指示に従ってください。
※筆記用具は念のため, 何本か用意しておくと安心です。

必要に応じて用意するもの

- ◯ 腕時計（携帯電話・スマートフォンでの代用は不可）
- ◯ ハンカチ
- ◯ ティッシュ
- ◯ 防寒用の服
- ◯
- ◯
- ◯

> そのほか, 自分で必要だと思ったものを書いておこう。

● その他の注意点！

試験が始まる前に, マークシート形式の解答用紙に氏名や個人番号などの必要事項を書きます。英検のウェブサイトで内容や書き方を確認しておくとよいでしょう。

英検®
過去問題集
2024年度

5級

解く前に知っておきたい！

問題別

英検®

攻略ガイド

筆記試験・リスニングテストについて知っておこう!

英検5級の一次試験は, 筆記試験とリスニングテストに分かれています。
解答はすべてマークシートに記入します。本書には解答用のマークシートが付いていますので, 本番までにマークシートの記入にも慣れておきましょう。

● 筆記試験は全部で25問

筆記試験は, 大問1から大問3まであります。
大問1は15問, 大問2は5問, 大問3は5問で, 全部で25問出題されます。

● リスニングテストは全部で25問

リスニングテストは, 第1部から第3部まであります。
第1部は10問, 第2部は5問, 第3部は10問で, 全部で25問出題されます。

● 試験時間は約47分

筆記試験は25分, リスニングテストは約22分で, 合計約47分で行われます。
筆記では, 1問を1分程度で解いていく必要があります。全部の問題に解答することができるように, 時間配分に注意しましょう。また, リスニングでは, 1問につき解答時間は10秒与えられています。
過去問を解くときは, 時間を計って取り組んでみるとよいでしょう。

● 身近な話題がよく出る

5級では, 家族, 学校, 趣味, スポーツ, 買い物など, 身近な話題について出題されます。よく使われる単語や表現を確認しておくとよいでしょう。

次のページからは, それぞれの出題形式についてくわしく解説していきます。

大問

1 短い文の穴うめ問題

筆記大問1では，短い文や会話文を読んで，(   )に適する単語や語句を，4つの選択肢から1つ選ぶ問題が15問出題されます。

おもに単語と文法の知識が問われます。単語・熟語に関する問題が12問，文法に関する問題が3問出題されることが多いです。

例題と攻略のポイント

A: What sport do you like?
B: I like (   ). I play it with my friends after school.
   1 green   2 math   3 basketball   4 lions

1 選択肢の意味を確認

問題文に目を通したら，選択肢を確認します。ここでは，1「緑」，2「数学」，3「バスケットボール」，4「ライオン」という意味です。4はlionの複数形になっていることにも注意しましょう。

2 (   )の前後関係とキーワードに着目

次に，(   )の前後関係とキーワードに着目します。Aは「あなたは何のスポーツが好きですか。」という意味なので，(   )にはスポーツが入ると判断できます。キーワードはsport（スポーツ）で，選択肢の中からスポーツを表す語をさがします。3のbasketballが適切です。

例題の訳・選択肢の訳

A：あなたは何のスポーツが好きですか。
B：私は（バスケットボール）が好きです。放課後友達としています。
   1 緑   2 数学   3 バスケットボール   4 ライオン

大問

2 会話文の穴うめ問題

形式

筆記大問2では, 会話文を読んで, ( )に適する文や語句を, 4つの選択肢の中から1つ選ぶ問題が5問出題されます。

おもに会話の流れを読み取る力と, 会話表現の知識が問われます。

例題と攻略のポイント

Girl: Excuse me. ( )
Man: Over there.

1 Is this bicycle yours?
2 Where is the elevator?
3 When is the test?
4 How much is it?

1 選択肢の意味を確認

会話文に目を通したら, 選択肢を確認します。ここでは, 1「この自転車はあなたのものですか。」, 2「エレベーターはどこですか。」, 3「テストはいつですか。」, 4「それはいくらですか。」という意味です。すべてたずねる文であることにも注意しましょう。

2 ( )の直後の文に着目

次に, ( )の直後の文に着目します。ここでは, Over there.(向こうにあります。)と「場所」を答えていることから,「場所」をたずねる文が入ると判断できます。2の Where is the elevator? が適切です。

対策

Do ～?, What ～?, Where ～? などの疑問文とその答え方のパターンを覚えておきましょう。また, Let's play soccer. — Good idea.(サッカーをしましょう。—いい考えですね。)や I'm sorry. — That's OK.(ごめんなさい。— 大丈夫ですよ。)のような, 日常会話でよく使われる表現の組み合わせも確認しておきましょう。

例題の訳・選択肢の訳

少女:すみません。(エレベーターはどこですか。)

男性:向こうにあります。

1 この自転車はあなたのものですか。
2 エレベーターはどこですか。
3 テストはいつですか。
4 それはいくらですか。

大問 3 ▶ 語句の並べかえ問題

　筆記大問３では，日本語の文の意味に合うように，英語の語句を並べかえて英文をつくる問題が５問出題されます。①〜④の語句を並べかえて，１番目と３番目にくる語句の組み合わせを選ぶ形式です。

　英語の語順を正しく理解して英文がつくれるかが問われます。

例題と攻略のポイント

ここで写真を撮ってはいけません。

（ ① take 　② don't 　③ picture 　④ a ）

1番目		3番目	
			here.

　　1　②—④　　2　④—③　　3　②—①　　4　③—④

1 ▷ つくる文を確認

　日本文から，ふつうの文，疑問文，否定文，命令文など，どんな文を組み立てるのかを判断します。ここでは，「〜してはいけません」という文なので，否定の命令文を組み立てると判断できます。否定の命令文はDon't 〜.の形です。

2 ▷ 語句のまとまりをつくる

　次に，選択肢の語句をよく見て，語句のまとまりをつくります。「写真を撮る」はtake a pictureと表します。このまとまりをDon'tのあとに続けます。②①④③という順序になるので，１が適切です。

　英語の文は，「主語」のあとに「動詞」を続けるのが基本です。まずは，基本をしっかり押さえましょう。また，文末がピリオド（.）ならふつうの文・否定文などを，クエスチョンマーク（?）なら疑問文をつくります。

　５級ではふつうの文のほか，Is / Are 〜? やDo / Does 〜?, Can 〜? などの疑問文，疑問詞で始まる疑問文，否定文，命令文（Let's 〜.やDon't 〜.も含む）などがよく出されます。これらの文の語順もしっかり確認しておきましょう。

例題の答え

Don't take a picture here. （ここで写真を撮ってはいけません。）

適切な応答を選ぶ問題

リスニング第1部では，イラストを見ながらAの発言を聞いて，それに対するBの応答として最も適するものを選ぶ問題が10問出題されます。

問題用紙に印刷されているのはイラストだけで，応答の選択肢も放送で読まれます。選択肢は3つあり，Aの発言と応答の選択肢は2回読まれます。

例題と攻略のポイント

読まれる英文

1. A: How old is your dog?
   B: 1　He's fine.
2. 　　2　Three months.
   　　3　Good job.

1 文の最初に注意

Aの発言の最初の部分を特に注意して聞くようにします。ここではHow old（何歳ですか。）が聞き取れるかがポイントです。

2 応答文を聞き取る

予測した内容に合う応答文が読まれるかを聞き取ります。会話の場面を考え，流れに合う文を選びます。ここではThree months.（3か月です。）と犬の年齢を答えている2が適切です。

疑問文の場合は，YesかNoで答える疑問文か，具体的に「数・場所・時・人・物」などを答える疑問文かを考えましょう。また，Let's ～.（誘い）やCan you ～?（依頼），Thank you.（お礼）などに対する応じ方のパターンも押さえておきましょう。

例題の訳

A：あなたの犬は何歳ですか。
B：1　彼は元気です。　　　2　3か月です。　　　3　よくできました。

第2部 会話についての質問に答える問題

形式

　リスニング第2部では，A→Bの会話とその内容についての質問を聞いて，質問の答えとして適切なものを選ぶ問題が5問出題されます。問題用紙には質問の答えとなる4つの選択肢が印刷されています。会話と質問は2回読まれます。

例題と攻略のポイント

問題用紙の選択肢

1　Today.
2　Next Friday.
3　Tomorrow morning.
4　Tomorrow afternoon.

□1

読まれる英文

A: Is your English test next Friday, Tim?
B: No.　It's tomorrow afternoon.

□2 **Question**: When is Tim's English test?

1▶ 選択肢に目を通しておく

　問題用紙の選択肢に先に目を通しておきましょう。選択肢から，質問の内容を予測することができます。ここでは，1「今日。」，2「次の金曜日。」，3「明日の午前中。」，4「明日の午後。」という意味で，「時」が聞き取りのポイントとなると予測できます。

2▶ Questionの内容を聞き取る

　会話のあとに読まれるQuestionの内容を聞き，質問されていることは何かを押さえましょう。ここでは，Whenで始まる疑問文で，ティムの英語のテストが「いつ」なのかを聞き取ります。BがNo.と言ったあとにtomorrow afternoon（明日の午後）と伝えていることから，4が適切です。

対策

　1回目の放送では，Questionのあとをよく聞き，問われていることを押さえましょう。2回目の放送では，答えとなる部分に特に注意して聞き取るようにしましょう。

例題の訳・選択肢の訳

A：あなたの英語のテストは次の金曜日ですか，ティム。
B：いいえ。明日の午後です。
質問：ティムの英語のテストはいつですか。
　1　今日です。　　2　次の金曜日です。　　3　明日の午前中です。　　4　明日の午後です。

絵に合う英文を選ぶ問題

形式

　リスニング第3部では，イラストを見ながら短い英文を3つ聞き，イラストの内容に合うものを選ぶ問題が10問出題されます。
　問題用紙に印刷されているのはイラストだけです。英文は2回読まれます。

例題と攻略のポイント

読まれる英文

1　Emma is looking at a panda.
2　Emma is looking at a bear.
3　Emma is looking at a koala.

1 人物の行動・数字に着目する

　イラストを見て，人物がいる場合は，その人物がどんな行動をしているかという点に着目します。ここでは，女の子が「コアラを見ている」ことを押さえておきます。また，日付，値段，時刻などの数字が示されているときはそれに着目します。

2 ちがっている部分に注意して聞き取る

　放送される3つの英文の違っている部分を聞き取るようにしましょう。ここでは，Emma is looking atまでは3つの文で共通していますが，そのあとの動物名がちがっています。この部分が聞き取りのポイントになります。イラストの内容に合うのは，3のEmma is looking at a koala.（エマはコアラを見ています。）です。

対策

　人物の行動や日付，数字のほか，天気や物の位置などもよく出題されます。数字の読み方や天気，on（～の上に），in（～の中に），by（～のそばに），under（～の下に）などの位置を表す語を確認しておきましょう。また，人物の行動は，〈be動詞＋動詞のing形〉（～している）で表されることが多いので，この形にも慣れておきましょう。

選択肢の訳
1　エマはパンダを見ています。　　2　エマはクマを見ています。
3　エマはコアラを見ています。

スピーキングテストについて知っておこう!

5級では，一次試験（筆記とリスニング）に加えて，スピーキングテストも導入されました。テストは一次試験の合否に関係なく，申し込みをすれば全員が受験できます。

○ なぜ始まったの？

日本の英語教育では，「読む」「聞く」「書く」「話す」の4技能をバランスよく伸ばし，使える英語力をつけることが，重要視されるようになってきました。5級でも「話す力」を測るために，2015年よりスピーキングのテストが追加されました。

○ 5級の合否は，一次試験の結果のみで決まる

5級の級認定は，一次試験（筆記とリスニング）の結果のみで合否が判定されます。スピーキングテストの結果は5級の合否とは関係ありません。

○ いつでも，どこでも受験できる（期間中1回のみ）

スピーキングテストを受験するときは，自宅や学校のパソコンなどからインターネットのスピーキングテストのサイトにアクセスしましょう。自分の都合に合わせていつでも受験することができます。

○ テストの形式は？

パソコン（スマートフォン・タブレット）を使った録音形式で行われます。面接委員との対面式ではありません。スピーキングテストは，画面に提示された英文（パッセージ）の黙読・音読のあとに，英語の質問に答えるという形式で行われます。

スピーキングテストって
どんなことをするの？

● 5級スピーキングテストの流れ

1 問題カードの黙読（20秒間）

▼ 英文とイラストが画面に提示され, First, please read the passage silently for 20 seconds.（まず, 20秒間英文を声に出さずに読みなさい。）のように, 英文を黙読するように指示されます。音読に備え, 英文の意味を理解しておきましょう。

▶問題カードはイラストと, 文章部分passage（パッセージ）で構成されています。

Mark's Sister

Mark has a sister, and her name is Emma. She is nine years old. She likes music. She can play the piano well.

2 問題カードの音読

▼ 次に, All right. Now, please read it aloud.（では, 声に出して読みなさい。）のように, 英文を音読するように指示されます。意味のまとまりを意識して読むように心がけましょう。

3 問題カードを見ながら質問に答える

▼ 音読が終わると, 質問に移ります。質問には, 主語と動詞のある完全な文で答えるようにしましょう。What（何）やWhen（いつ）などのような疑問詞をしっかり聞き取ることがポイントです。

Questions

No.1　Please look at the passage.
　　　What is the name of Mark's sister?
No.2　How old is she?

4 あなた自身についての質問に答える

▼ How many brothers or sisters do you have?（あなたは兄弟か姉妹が何人いますか。）などのように, 受験者自身のことについて質問されます。質問には, 主語と動詞のある完全な文ではっきり答えるようにしましょう。

No.3　How many brothers or sisters do you have?

スピーキングテストを受けるための準備

ここでは, スピーキングテストを受験するにあたって, 必要なものや準備しておくものを紹介します。家や学校などで好きなときに受験できます。(ただし, 受験回数は, 1回の申し込みにつき1回のみ。)

必要なもの

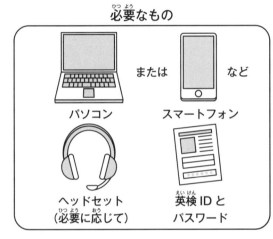

パソコン　または　スマートフォン　など

ヘッドセット
(必要に応じて)

英検IDと
パスワード

かかる時間

およそ **25分**
(テスト自体は
3分です)

動作環境について

英検のホームページでは, パソコンなどが正しく動作するかどうかを事前に確認することができます。

受験方法

1 ログインして, 受験する級を選ぶ

▼ ログインするときには, 英検IDとパスワードを入力します。

2 テスト前の動作環境をチェックする

▼ 通信環境, パソコンなどの動作環境などのチェックをします。
音量などの調節や, 録音できるかどうかの確認もします。

3 テストのそれぞれの画面についての説明を聞く

▼ テストで表示される画面や形式などについての説明を聞きます。
テストをどんな手順で進めればよいのかをしっかり確認しましょう。

4 テスト開始!

▼ 確認した手順に従って, テストを受けましょう。
あせらずに落ち着いて, テストにのぞみましょう。

これをやればＯＫ！
とっておきアドバイス

● 英文を読むときは，落ち着いてはっきりと

音読するときには，速く読む必要はありません。スピードを意識しすぎず，はっきりとていねいに読むことを心がけましょう。

● 文と文の間を少しあけて読む

全部の文を区切りなく続けて読むのではなく，文と文の間やコンマ(,)のあとは，少し間をあけて読むようにしましょう。

● 問題カードのイラストをよく見る

質問では，イラストの内容に関することも問われます。イラストにはどんな人物・動物がいて，どこで何をしているかなどをよく確認しておきましょう。答えはカードの中にあるので，あせらずにイラストと文をよく見て答えましょう。

● 一度で聞き取れなくてもあせらない

「質問が聞き取れなかった！」と，あわてなくても大丈夫！　質問は，2回まで聞くことができます。落ち着いて，再度質問を聞くようにしましょう。質問を聞き取るときは，最初の疑問詞に注意して聞きましょう。

※スピーキングテストの内容は変更になる場合があります。最新の情報は，英検を実施している公益財団法人 日本英語検定協会 のウェブサイト https://www.eiken.or.jp/ を確認してください。

次のページから，実際に問題を解いてみよう。

英 検 **5** 級

2023 年 度
第 1 回

2023 年 6 月 4 日実施
[試験時間] 筆記試験（25 分）リスニングテスト（約 22 分）

解答用マークシートを使おう。

解答と解説　本冊　p.003

トラック番号 1-29

次の(1)から(15)までの（　　）に入れるのに最も適切なものを 1, 2, 3, 4 の中から一つ選び，その番号のマーク欄をぬりつぶしなさい。

(1) *A* : Please write your (　　　　) and telephone number here.

B : OK.

1 bird　　**2** name　　**3** door　　**4** watch

(2) *A* : Kyoko, which (　　　　) do you like at school, science or math?

B : Math.

1 team　　**2** window　**3** subject　**4** place

(3) *A* : Let's go to a new cake (　　　　), Tina.

B : That's a good idea.

1 shop　　**2** bike　　**3** egg　　**4** chair

(4) Students often play (　　　　) in Mr. Brown's English class.

1 games　　**2** phones　**3** clocks　　**4** cameras

(5) Alice eats toast for (　　　).

1 newspaper　　　2 breakfast

3 music　　　4 snow

(6) Jessica is a big (　　　) of her hometown's soccer team.

1 fan　　　2 table

3 mountain　　　4 box

(7) Look at that red (　　　). It's swimming very fast.

1 ball　　2 flower　　3 fish　　4 river

(8) *A* : Bye, Brenda. (　　　) a nice day.

B : Thanks.

1 Eat　　2 Go　　3 Come　　4 Have

(9) *A* : Are you from England, Katie?

B : That's (　　　). I'm from London.

1 well　　2 little　　3 right　　4 happy

(10) Kelly often talks (　　　) her future dream.

1 about　　2 by　　3 from　　4 under

(11) Yoshiko sometimes does her homework (   )
night.

1 at   **2** off   **3** for   **4** to

(12) Megumi is 13 (   ) old. She's a junior high
school student.

1 fruits   **2** years   **3** hands   **4** girls

(13) *A :* Dad, please help (   ). Today's homework is
very hard.

B : OK.

1 I   **2** my   **3** me   **4** mine

(14) *A :* Cathy, (   ) are you doing?

B : I'm writing a letter to my friend.

1 whose   **2** what   **3** when   **4** who

(15) My sister and I (   ) dinner every Sunday.

1 cook   **2** cooks   **3** cooking   **4** to cook

2

次の(16)から(20)までの会話について，（　）に入れるのに最も適切なものを 1，2，3，4 の中から一つ選び，その番号のマーク欄をぬりつぶしなさい。

(16) **Teacher** : Where do you usually play baseball, Jack?

　　　 Boy : (　　　　) Mr. Parker.

1 In the morning, 　　 **2** Goodbye,

3 You're here, 　　　　 **4** Near my house,

(17) 　　 **Girl** : Mom, let's go to the shopping mall.

Mother : I'm busy now. (　　　　)

　　 Girl : OK.

1 How about this afternoon?

2 Is that your bag?

3 Which color do you like?

4 Who can go with you?

(18) **Father** : Do you know those boys over there, Fred?

　　 Boy : Yes, Dad. (　　　　)

1 We're going home now.

2 I can't see them.

3 They're my friends.

4 It's for school.

(19) *Girl* : Can I use your dictionary, Eddie?
Boy : (   ) I'm using it now.

1 I'm sorry.   **2** You're OK.
3 I'm 150 cm.   **4** It's for you.

(20)   *Girl* : Dad, I can't find my red pen.
Father : Look. (   )

1 That's nice.   **2** It has five colors.
3 It's on the table.   **4** Let's go after lunch.

次の(21)から(25)までの日本文の意味を表すように①から④までを並べかえて □ の中に入れなさい。そして，1番目と3番目にくるものの最も適切な組合せを 1，2，3，4 の中から一つ選び，その番号のマーク欄をぬりつぶしなさい。※ただし，（ ）の中では，文のはじめにくる語も小文字になっています。

(21) ジュディ，あなたのお姉さんはどうやってピアノを練習しますか。

（① practice ② how ③ your sister ④ does）

Judy, [1番目 □] [□] [3番目 □] [□] the piano?

1 ③-④   **2** ①-③   **3** ②-①   **4** ②-③

(22) 私はいつも朝6時に起きます。

（① up ② get ③ six ④ at）

I always [1番目 □] [□] [3番目 □] [□] in the morning.

1 ③-②   **2** ④-①   **3** ②-④   **4** ①-②

(23) 私たちは毎日，教室を掃除します。

（① clean ② classroom ③ our ④ we）

[1番目 □] [□] [3番目 □] [□] every day.

1 ②-①   **2** ④-③   **3** ①-③   **4** ②-④

(24) 窓を閉めてくれますか。

(① you ② close ③ can ④ the window)

1番目		3番目	

, please?

1 ③－② **2** ③－① **3** ④－① **4** ④－③

----

(25) 鈴木先生と歩いているのはだれですか。

(① walking ② is ③ with ④ who)

1番目		3番目	

Mr. Suzuki?

1 ③－② **2** ①－③ **3** ②－③ **4** ④－①

リスニングテスト

1 このテストには，第1部から第3部まであります。
◆英文は二度放送されます。

第**1**部 イラストを参考にしながら英文と応答を聞き，最も適切な応答を 1，2，3 の中から一つ選びなさい。

第**2**部 対話と質問を聞き，その答えとして最も適切なものを 1, 2, 3, 4 の中から一つ選びなさい。

第**3**部 三つの英文を聞き，その中から絵の内容を最もよく表しているものを一つ選びなさい。

2 No. 25 のあと，10 秒すると試験終了の合図がありますので，筆記用具を置いてください。

第**1**部

Track 1〜11

〔例題〕

No. 1

No. 2

No. 3

No. 4

No. 5

No. 6

No. 7

No. 8

No. 9

No.10

No. 11	1 On Thursday.	2 On Friday.
	3 On Saturday.	4 On Sunday.

No. 12	1 Helen's.	2 Mike's.
	3 Helen's sister's.	4 Mike's sister's.

No. 13	1 Under the table.	2 On the table.
	3 Under the chair.	4 On the chair.

No. 14	1 A fish.	2 A dog.
	3 A rabbit.	4 A cat.

No. 15	1 Four.	2 Five.
	3 Six.	4 Seven.

No. 16

No. 17

No. 18

No. 19

No. 20

No. 21

No. 22

No. 23

No. 24

No. 25

英検 **5** 級

2023 年度
第 2 回

2023 年 10 月 8 日実施
[試験時間] 筆記試験（25分）リスニングテスト（約22分）

解答用マークシートを使おう。

解答と解説　本冊 p.021

トラック番号 30-58

1

次の(1)から(15)までの（　）に入れるのに最も適切なものを 1, 2, 3, 4 の中から一つ選び，その番号のマーク欄をぬりつぶしなさい。

(1) **A** : Does Alice have any (　　　　)?

B : Yes. She has three dogs.

1 videos　**2** pets　**3** songs　**4** classes

(2) **A** : Look! That cat is very (　　　　).

B : Yes. It's very cute.

1 small　**2** rainy　**3** high　**4** cloudy

(3) Kenji can (　　　　) English very well. He likes English very much.

1 see　**2** eat　**3** live　**4** speak

(4) **A** : What (　　　　) do you like?

B : I like green.

1 year　**2** song　**3** color　**4** movie

(5) **A** : Hiroshi, which season do you like?

B : I like spring. We can (　　　　) new friends in April.

1 meet　**2** go　**3** close　**4** cook

(6) *A :* Everyone, open your (　　　　) to page 35.

　　B : OK, Ms. Brown.

　　1　apples　**2**　trains　**3**　trees　**4**　textbooks

(7) *A :* Does Linda (　　　　) very well?

　　B : Yes.　She takes lessons on Mondays and Tuesdays.

　　1　make　**2**　dance　**3**　want　**4**　open

(8)　I study in the library (　　　　) 9:30 a.m. to 11:30 a.m.
every Sunday.

　　1　of　　　**2**　with　　**3**　under　**4**　from

(9) *A :* I want this notebook.　How (　　　　) is it?

　　B : It's 100 yen.

　　1　old　　　**2**　much　　**3**　long　　**4**　many

(10)　My father always eats eggs for breakfast (　　　　)
the morning.

　　1　on　　　**2**　by　　　**3**　in　　　**4**　of

(11) *A :* Do you know the boy over (　　　　), Jane?

　　B : Yes, Ken.　That's my brother.

　　1　that　　**2**　there　　**3**　too　　**4**　then

(12) Hiroshi always ( ) to bed at 9 p.m. and gets up at 6 a.m.

    1 goes   **2** plays   **3** does   **4** sits

(13) **A** : Kanako, are you a baseball fan?

    B : Yes, I ( ).

    1 am   **2** is   **3** are   **4** does

(14) **A** : Who are the girls in this picture, Jack?

    B : ( ) are my sisters.

    1 She   **2** They   **3** He   **4** I

(15) **A** : I can't find my pen. Julia, can I use ( )?

    B : Yes.

    1 you   **2** your   **3** our   **4** yours

2

次の(16)から(20)までの会話について，（　）に入れるのに最も適切なものを 1，2，3，4 の中から一つ選び，その番号のマーク欄をぬりつぶしなさい。

(16) **Boy 1** : Where's Mom, Arthur?

　　 Boy 2 : (　　　　) She's buying fruit for dinner.

　　 1 She's nice. 　　　　 **2** At the store.

　　 3 On the weekend. 　　 **4** She has many.

(17) **Teacher** : Please open the window, Charlie. (　　　　)

　　 Boy : OK, Ms. Carter.

　　 1 It's Sunday. 　　　　 **2** To school.

　　 3 It's hot. 　　　　　　 **4** At home.

(18) **Girl** : This umbrella is nice. (　　　　)

　　 Boy : It's my father's.

　　 1 How do you make it?

　　 2 Do you often use it?

　　 3 Whose is it?

　　 4 Which is mine?

(19) **Girl 1** : Cindy, let's take some pictures here.

　　 Girl 2 : (　　　　) This garden is so beautiful.

　　 1 That's a good idea. 　 **2** You're tall.

　　 3 It's mine. 　　　　　　 **4** This book is nice.

(20)   *Girl* : Can I have some juice?

  Father : (   ) It's in the kitchen.

  1 No, thanks.   **2** I like fish.

  3 Yes, I can.   **4** Of course.

3

次の(21)から(25)までの日本文の意味を表すように①から④までを並べかえて□□の中に入れなさい。そして，1番目と3番目にくるものの最も適切な組合せを 1，2，3，4 の中から一つ選び，その番号のマーク欄をぬりつぶしなさい。※ただし，( ) の中では，文のはじめにくる語も小文字になっています。

(21) 私はシンガポールにたくさんの友だちがいます。

(① of ② friends ③ a lot ④ have)

I [1番目] [ ] [3番目] [ ] in Singapore.

1 ③－②   **2** ④－①   **3** ②－④   **4** ①－②

---

(22) この花はトムへのプレゼントです。

(① Tom ② is ③ for ④ a present)

This flower [1番目] [ ] [3番目] [ ].

1 ②－③   **2** ③－①   **3** ④－①   **4** ③－②

---

(23) ビルと私は冬にスキーに行きます。

(① skiing ② go ③ and ④ I)

Bill [1番目] [ ] [3番目] [ ] in winter.

1 ②－③   **2** ④－③   **3** ①－④   **4** ③－②

(24) ジェームズ，あなたのお父さんはいつ新聞を読みますか。

(① read ② your father ③ does ④ the newspaper)

James, when ［1番目　　　　］［　　　　］［3番目　　　　］［　　　　］?

1 ②-④　　**2** ③-②　　**3** ③-①　　**4** ④-①

....

(25) マイクは今，音楽を聞いています。

(① music ② to ③ listening ④ is)

Mike ［1番目　　　　］［　　　　］［3番目　　　　］［　　　　］ now.

1 ④-②　　**2** ③-②　　**3** ④-①　　**4** ①-③

リスニングテスト

1 このテストには，第１部から第３部まであります。
◆英文は二度放送されます。

| 第1部 | イラストを参考にしながら英文と応答を聞き，最も適切な応答を 1, 2, 3 の中から一つ選びなさい。 |

| 第2部 | 対話と質問を聞き，その答えとして最も適切なものを 1, 2, 3, 4 の中から一つ選びなさい。 |

| 第3部 | 三つの英文を聞き，その中から絵の内容を最もよく表しているものを一つ選びなさい。 |

2 No. 25 のあと，10 秒すると試験終了の合図がありますので，筆記用具を置いてください。

第1部

Track 30〜40

〔例題〕

No. 1

No. 2

045

No. 3

No. 4

No. 5

No. 6

No. 7

No. 8

No. 9

No.10

No. 11

1	Eggs.	**2**	Toast.
3	Rice.	**4**	Pancakes.

No. 12

1	The milk.	**2**	The butter.
3	A hot drink.	**4**	Some bread.

No. 13

1 In her bedroom.
2 In the kitchen.
3 At school.
4 At her friend's house.

No. 14

1 The girl.
2 The boy.
3 The girl's brother.
4 The boy's brother.

No. 15

1	At 6:00.	**2**	At 6:30.
3	At 7:00.	**4**	At 7:30.

No. 16

No. 17

No. 18

No. 19

No. 20

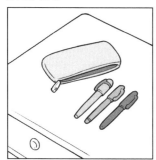

No. 21

No. 22

No. 23

No. 24

No. 25

英検 **5** 級

2022 年度
第 1 回

2022 年 6 月 5 日実施
[試験時間] 筆記試験（25 分）リスニングテスト（約 22 分）

解答用マークシートを使おう。

解答と解説　本冊 p.039

トラック番号 59-87

1

次の(1)から(15)までの（　　）に入れるのに最も適切なものを 1, 2, 3, 4 の中から一つ選び，その番号のマーク欄をぬりつぶしなさい。

(1) **A** : Look at that (　　　) over there, Jack.

   B : Wow! The water is very blue.

   1 class　　**2** river　　**3** foot　　**4** textbook

(2) **A** : What is your favorite (　　　)?

   B : I like red.

   1 milk　　**2** fruit　　**3** color　　**4** pet

(3) Adam and I often go to the park. We (　　　) pictures of flowers there.

   1 read　　**2** tell　　**3** say　　**4** draw

(4) **A** : Is it (　　　) today?

   B : No, it's sunny and warm.

   1 tall　　**2** young　　**3** cold　　**4** new

(5) **A** : Do you like music, Karen?

   B : Yes, I do. I play the (　　　).

   1 hat　　**2** camera　**3** violin　　**4** desk

(6) *A* : What are you (   )?

  B : Chocolate cookies.

  1 sleeping **2** playing **3** running **4** making

(7) *A* : Do you want some water, Kevin?

  B : Yes, please. I'm really (   ).

  1 soft   **2** thirsty **3** kind   **4** new

(8) Ryuji is Japanese. He's (   ) Osaka.

  1 with   **2** about   **3** under   **4** from

(9) *A* : Do you want some cake?

  B : No, (   ) you.

  1 enjoy   **2** thank   **3** give   **4** speak

(10) *A* : Hello, Mr. Green.

  B : Hi, Sara. Please come in and (   ) down.

  1 sit   **2** help   **3** sing   **4** listen

(11) *A* : How (　　　) is your brother?

B : He's four.

1 long　　**2** cloudy　**3** old　　**4** many

(12) *A* : Let's go to the park (　　　) the afternoon, Dad.

B : OK.

1 of　　　**2** in　　**3** at　　**4** on

(13) Please (　　　) eat in the library.

1 aren't　**2** no　　**3** don't　**4** not

(14) Sally and Patty (　　　) good friends. They go jogging together.

1 are　　**2** is　　**3** be　　**4** am

(15) *A* : Is this notebook (　　　)?

B : No, it's Helen's.

1 my　　　**2** her　　**3** yours　**4** our

2

次の(16)から(20)までの会話について，（　）に入れるのに最も適切なものを 1，2，3，4 の中から一つ選び，その番号のマーク欄をぬりつぶしなさい。

(16) **Teacher** : Where is your history textbook, Ben?

Student : I'm sorry. （　　　）

1　It's at home. 　　2　It's OK.

3　I go to school. 　　4　I read it.

(17) **Girl 1** : I don't know that man in the gym. （　　　）

Girl 2 : Mr. Williams.

1　How are you? 　　2　Where is his camera?

3　What's his name? 　　4　When do you play?

(18) **Father** : Brenda, （　　　）

Girl : OK. Good night, Dad.

1　it's time for bed. 　　2　it's all right.

3　please watch this. 　　4　please come to dinner.

(19) **Mother** : Goodbye. Have a good day at school.

Boy : Goodbye. (   )

1 It's at the pool.   2 You're welcome.

3 I have homework.   4 See you this evening.

(20) **Mother** : What drink do you want?

Girl : (   )

1 Two eggs.   2 Yes, at night.

3 Orange juice, please.   4 Every weekend.

3

次の(21)から(25)までの日本文の意味を表すように①から④までを並べかえて □□□ の中に入れなさい。そして，1番目と3番目にくるものの最も適切な組合せを 1，2，3，4 の中から一つ選び，その番号のマーク欄をぬりつぶしなさい。※ただし，（　）の中では，文のはじめにくる語も小文字になっています。

(21) ウォーカーさんは土曜日に車を洗います。

(① his car　② washes　③ on　④ Mr. Walker)

1番目		3番目	
				Saturdays.

1 ④－①　　**2** ④－②　　**3** ②－④　　**4** ②－③

(22) あなたは学校でインターネットを使えますか。

(① use　② you　③ can　④ the Internet)

1番目		3番目	
				at school?

1 ①－③　　**2** ③－④　　**3** ①－②　　**4** ③－①

(23) 私のピアノのレッスンは4時半から5時までです。

(① to　② from　③ four thirty　④ is)

My piano lesson
1番目		3番目	
five o'clock.

1 ②－③　　**2** ④－③　　**3** ④－①　　**4** ①－②

⑵4 あなたは，どちらの帽子が好きですか。

(① cap ② which ③ you ④ do)

1番目		3番目		
				like?

1 ②-④ **2** ①-③ **3** ④-② **4** ③-②

⑵5 この図書館にはおもしろい本がたくさんあります。

(① has ② a lot ③ interesting ④ of)

This library  books.

1 ①-③ **2** ③-② **3** ①-④ **4** ②-④

リスニングテスト

---

1 このテストには，第1部から第3部まであります。
◆英文は二度放送されます。

第1部	イラストを参考にしながら英文と応答を聞き，最も適切な応答を1，2，3の中から一つ選びなさい。
第2部	対話と質問を聞き，その答えとして最も適切なものを1，2，3，4の中から一つ選びなさい。
第3部	三つの英文を聞き，その中から絵の内容を最もよく表しているものを一つ選びなさい。

2 No. 25のあと，10秒すると試験終了の合図がありますので，筆記用具を置いてください。

第1部

Track 59〜69

〔例題〕

No. 1

No. 2

No. 3

No. 4

No. 5

No. 6

No. 7

No. 8

No. 9

No.10

| No. 11 | 1 At 4:00. | 2 At 4:30. |
| | 3 At 5:00. | 4 At 5:30. |

| No. 12 | 1 Today. | 2 Tomorrow. |
| | 3 Next week. | 4 Next month. |

| No. 13 | 1 Writing a letter. | 2 Calling her friend. |
| | 3 Reading a book. | 4 Doing her homework. |

| No. 14 | 1 A rabbit. | 2 A hamster. |
| | 3 A cat. | 4 A fish. |

| No. 15 | 1 One. | 2 Two. |
| | 3 Three. | 4 Four. |

No. 16

No. 17

No. 18

No. 19

No. 20

No. 21

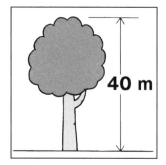

No. 22

No. 23

No. 24

No. 25

英検 **5** 級

2022年度
第2回

2022年10月9日実施
［試験時間］筆記試験（25分）リスニングテスト（約22分）

解答用マークシートを使おう。

解答と解説　本冊 p.057

トラック番号88-116

1

次の(1)から(15)までの（　）に入れるのに最も適切なものを 1, 2, 3, 4 の中から一つ選び，その番号のマーク欄をぬりつぶしなさい。

(1) We have two (　　　) this afternoon, English and math.

    1 desks   **2** friends   **3** classes   **4** oranges

(2) My mother often (　　　) tulips at the flower shop.

    1 plays   **2** teaches   **3** closes   **4** buys

(3) *A* : Carl, do you go to school by bus (　　　) by train?

    B : By bus, Mr. Anderson.

    1 but   **2** so   **3** or   **4** also

(4) *A* : What (　　　) do you like, Susan?

    B : I like cats and dogs.

    1 sports   **2** animals   **3** movies   **4** drinks

(5) Hiroshi usually (　　　) basketball games on TV.

    1 watches   **2** speaks   **3** listens   **4** sings

(6) *A* : Tom, let's study at my (   ) today.

　　 B : OK, see you later.

　　 1 winter　　**2** time　　**3** foot　　　**4** house

(7) *A* : Who is your favorite baseball player?

　　 B : Ken Suzuki. He's (   )!

　　 1 great　　**2** sure　　**3** many　　　**4** sunny

(8) *A* : Kent, (   ) at my new camera.

　　 B : Oh, it's cute.

　　 1 eat　　　**2** cook　　**3** want　　　**4** look

(9) *A* : Kelly, what time do you (   ) up every morning?

　　　 morning?

　　 B : At six.

　　 1 wake　　**2** tell　　**3** say　　　**4** know

(10) I have a lot (   ) postcards. They are from my grandfather.

　　　 grandfather.

　　 1 of　　　**2** by　　　**3** down　　**4** after

(11) ***A*** : Mike, welcome (   ) our soccer club!

  B : Thanks.

  1 before   **2** to   **3** under   **4** off

(12) ***A*** : Dad, I'm sleepy.

  B : It's time for bed, Chris. (   ) a good night's
  sleep.

  1 Go   **2** Have   **3** Stand   **4** Make

(13) ***A*** : Dad, (   ) is Karen?

  B : She is in the living room now.

  1 what   **2** when   **3** who   **4** where

(14) Mr. Smith is my art teacher. (   ) lessons are
  very fun.

  1 His   **2** Your   **3** We   **4** Her

(15) ***A*** : Hiroko, do you play tennis every day?

  B : Yes, I (   ).

  1 does   **2** do   **3** are   **4** is

2

次の(16)から(20)までの会話について，（　）に入れるのに最も適切なものを 1，2，3，4 の中から一つ選び，その番号のマーク欄をぬりつぶしなさい。

(16)　**Girl** : Is this your new computer? It's nice.

　　　Boy : Yes, (　　　　)

　　1　I'm hungry.　　　　　**2**　I often use it.

　　3　you're at the library.　**4**　you're good.

(17)　**Girl** : Hi, I'm Jane. Are you a new student?

　　　Boy : (　　　　)

　　1　Goodbye.　　　　　　**2**　Yes, I am.

　　3　No, it's not here.　　　**4**　I play tennis.

(18)　　　　**Boy** : I can't find my English textbook, Mom.

　　Mother : Paul, it's (　　　　)

　　1　five years old.　　　　**2**　before breakfast.

　　3　on your bed.　　　　　**4**　very fast.

(19)　　**Man** : What do you do after lunch?

　　Woman : (　　　　)

　　1　I like it.　　　　　**2**　Me, too.

　　3　I'm happy.　　　　　**4**　I drink tea.

(20)　**Boy** : These flowers are beautiful.

　　Girl : (　　　　)

　　1　Nice to meet you.　　**2**　I think so, too.

　　3　Help me, please.　　　**4**　See you later.

3

次の(21)から(25)までの日本文の意味を表すように①から④までを並べかえて ☐ の中に入れなさい。そして，1番目と3番目にくるものの最も適切な組合せを 1，2，3，4 の中から一つ選び，その番号のマーク欄をぬりつぶしなさい。※ただし，（　　）の中では，文のはじめにくる語も小文字になっています。

(21) 私の辞書は，机の中にあります。

(① dictionary ② in ③ is ④ my)

1番目		3番目	

the desk.

1 ①−④　　**2** ④−③　　**3** ②−①　　**4** ③−④

---

(22) その英語のレッスンはどれくらいの長さですか。

(① is ② how ③ long ④ the)

1番目		3番目	

English lesson?

1 ③−②　　**2** ②−①　　**3** ③−④　　**4** ④−②

---

(23) ケイトは雨の日が好きではありません。

(① Kate ② like ③ rainy days ④ doesn't)

1番目		3番目	

.

1 ①−②　　**2** ①−④　　**3** ④−②　　**4** ④−①

(24) あなたの妹は放課後に野球の練習をしますか。

(① baseball ② after ③ your sister ④ practice)

Does ┌─1番目─┐ ┌────┐ ┌─3番目─┐ ┌────┐ school?

1 ④-② **2** ①-④ **3** ③-② **4** ③-①

----

(25) あのバレーボール選手はイタリア出身です。

(① is ② volleyball ③ player ④ from)

That ┌─1番目─┐ ┌────┐ ┌─3番目─┐ ┌────┐ Italy.

1 ①-② **2** ③-④ **3** ①-④ **4** ②-①

リスニングテスト

1 このテストには，第1部から第3部まであります。
◆英文は二度放送されます。

第1部	イラストを参考にしながら英文と応答を聞き，最も適切な応答を1，2，3の中から一つ選びなさい。
第2部	対話と質問を聞き，その答えとして最も適切なものを1，2，3，4の中から一つ選びなさい。
第3部	三つの英文を聞き，その中から絵の内容を最もよく表しているものを一つ選びなさい。

2 No. 25 のあと，10秒すると試験終了の合図がありますので，筆記用具を置いてください。

第**1**部

Track 88〜98

〔例題〕

No. 1

No. 2

No. 3

No. 4

No. 5

No. 6

No. 7

No. 8

No. 9

No.10

No. 11
1 In his room.
2 In the sports shop.
3 In his locker.
4 In the bathroom.

No. 12
1 One hour.   2 Two hours.
3 Three hours.   4 Four hours.

No. 13
1 She plays computer games.
2 She reads a magazine.
3 She does her homework.
4 She listens to music.

No. 14
1 The girl's mother.
2 The girl's father.
3 The boy's mother.
4 The boy's father.

No. 15
1 300 meters.   2 360 meters.
3 500 meters.   4 560 meters.

22年度

第2回

No. 16

83 cm

No. 17

No. 18

No. 19

-150-

No. 20

No. 21

No. 22

No. 23

No. 24

No. 25

英検 **5** 級

2022 年度
第 3 回

2023 年 1 月 22 日実施
［試験時間］筆記試験（25 分）リスニングテスト（約 22 分）

解 答 用 マ ー ク シ ー ト を 使 お う 。

解答と解説　本冊 p.075

トラック番号 117-145

次の(1)から(15)までの（　　）に入れるのに最も適切なものを 1，2，3，4 の中から一つ選び，その番号のマーク欄をぬりつぶしなさい。

(1) Jill (　　　　) in a band with her friends.

1 puts　　**2** paints　　**3** sings　　**4** speaks

(2) *A* : Oh, your picture is very (　　　), Linda. I like it very much.

　　B : Thank you, Ms. Wilson.

1 nice　　**2** tall　　**3** sorry　　**4** young

(3) I have one (　　　). She is ten years old.

1 son　　**2** father　　**3** brother　**4** sister

(4) *A* : Look! It's (　　　)!

　　B : Yeah, it's very cold.

1 snowing　　　　**2** reading
3 saying　　　　　**4** telling

(5) *A* : Do you often go to (　　　)?

　　B : Yes, I like delicious food.

1 restaurants　　　**2** trees
3 cameras　　　　**4** rooms

(6) Mr. Kuroda is a ( ). Many people go to his hospital.

1 pilot　　**2** doctor　**3** dancer　**4** teacher

(7) *A* : Oh, that's a beautiful ( ). Is that a present, Jane?

　　B : Yes, this is for my mom.

1 hair　　**2** test　　**3** flower　**4** window

(8) I play soccer ( ) school on Sundays.

1 at　　　**2** of　　　**3** out　　　**4** down

(9) Nancy ( ) in California.

1 lives　　**2** looks　**3** buys　　**4** wants

(10) *A* : Can you come ( ) my house at three this afternoon?

　　B : Sorry, I can't.

1 of　　　**2** for　　　**3** to　　　**4** out

(11)　**A** : John, what (　　　　) do you usually take a bath?

　　　B : Around nine o'clock.

　　　1 time　　**2** week　　**3** hand　　**4** face

(12)　**A** : Do you like English?

　　　B : Yes, (　　　　) course.

　　　1 in　　**2** out　　**3** on　　**4** of

(13)　Ms. Brown has two children.　(　　　　) names are Nick and Cindy.

　　　1 They　　**2** Theirs　　**3** Them　　**4** Their

(14)　**A** : Do you speak French?

　　　B : No, I (　　　　).　But I speak Spanish.

　　　1 don't　　**2** doesn't　　**3** isn't　　**4** aren't

(15)　**A** : This math question is difficult.

　　　B : Let's ask Mr. Yamada.　He can help (　　　　).

　　　1 we　　**2** us　　**3** our　　**4** ours

2

次の(16)から(20)までの会話について，（　　）に入れるのに最も適切なものを 1，2，3，4 の中から一つ選び，その番号のマーク欄をぬりつぶしなさい。

(16)　***Girl*** : Bye, Mike.

　　Boy : (　　　　　)

　　1　I'm fine.　　　　　**2**　See you.

　　3　Good morning.　　**4**　Me, too.

(17)　***Girl 1*** : This is my new dress.

　　Girl 2 : (　　　　　)

　　1　I can, too.　　　　**2**　It's beautiful.

　　3　At the party.　　　**4**　For my birthday.

(18)　***Girl*** : Tom, I can't study with you after school today.

　　Boy : (　　　　　)

　　1　Let's go.　　　　　**2**　It's July 14th.

　　3　That's all right.　　**4**　You're welcome.

(19)　***Mother*** : How about this skirt, Ann?

　　Girl : (　　　　) It's my favorite color.

　　1　I can go.　　　　　**2**　I'm 13 years old.

　　3　I'm sorry.　　　　　**4**　I love it.

(20) **Boy 1** : Your English teacher is very young. How old
     is she, Carl?

Boy 2 : (   )

1 She's 25.   **2** She's a dancer.

3 She's not very tall.   **4** She's not at home now.

3

次の(21)から(25)までの日本文の意味を表すように①から④までを並べかえて [　　]
の中に入れなさい。そして，1番目と3番目にくるものの最も適切な組合せを 1,
2, 3, 4 の中から一つ選び，その番号のマーク欄をぬりつぶしなさい。※ただし，
（　　）の中では，文のはじめにくる語も小文字になっています。

(21) 私は毎晩8時間寝ます。

（① sleep　② hours　③ for　④ eight）

I [　1番目　] [　　　] [　3番目　] [　　　] every night.

1 ②－①　　**2** ①－③　　**3** ④－③　　**4** ①－④

---

(22) キャシーはどこでテニスをしますか。

（① does　② where　③ Cathy　④ play）

[　1番目　] [　　　] [　3番目　] [　　　] tennis?

1 ①－④　　**2** ④－②　　**3** ③－①　　**4** ②－③

---

(23) あなたのお母さんの名前は弘子ですか。

（① name　② mother's　③ is　④ your）

[　1番目　] [　　　] [　3番目　] [　　　] Hiroko?

1 ①－③　　**2** ①－④　　**3** ③－②　　**4** ④－③

(24) ジェームズ，あなたはどうやって英語を勉強しますか。

(① do   ② how   ③ you   ④ study)

James, [　1番目　] [　　　] [　3番目　] [　　　] English?

1 ③－④   **2** ④－①   **3** ②－③   **4** ②－①

----

(25) 順子，あなたは料理クラブに入っていますか。

(① in   ② you   ③ the cooking club   ④ are)

Junko, [　1番目　] [　　　] [　3番目　] [　　　] ?

1 ③－④   **2** ④－①   **3** ③－①   **4** ④－②

リスニングテスト

1 このテストには，第1部から第3部まであります。
◆英文は二度放送されます。

> 第1部 イラストを参考にしながら英文と応答を聞き，最も適切な応答を1，2，3の中から一つ選びなさい。

> 第2部 対話と質問を聞き，その答えとして最も適切なものを1，2，3，4の中から一つ選びなさい。

> 第3部 三つの英文を聞き，その中から絵の内容を最もよく表しているものを一つ選びなさい。

2 No. 25のあと，10秒すると試験終了の合図がありますので，筆記用具を置いてください。

第**1**部

Track 117～127

〔**例題**〕

No. 1

No. 2

No. 3

No. 4

No. 5

No. 6

No. 7

No. 8

No. 9

No.10

| No. 11 | **1** Some tea. | **2** Some juice. |
| | **3** Some milk. | **4** Some coffee. |

| No. 12 | **1** 30 dollars. | **2** 35 dollars. |
| | **3** 40 dollars. | **4** 45 dollars. |

| No. 13 | **1** Nancy. | **2** Nancy's brother. |
| | **3** Steve. | **4** Steve's brother. |

No. 14

1 In her pencil case.

2 In her bag.

3 Under her chair.

4 Under her textbook.

No. 15

1 She listens to music.

2 She draws pictures.

3 She sings with the boy.

4 She plays the piano.

22 年度

第 **3** 回

No. 16

No. 17

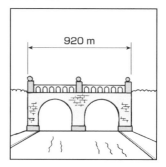

No. 18

No. 19

No. 20

No. 21

No. 22

No. 23

No. 24

No. 25

英検 **5** 級

合格力
チェックテスト

［試験時間］筆記試験（25分）リスニングテスト（約22分）

解答用マークシートを使おう。

解答と解説　本冊 p.093

トラック番号146-174

5級 合格力チェックテスト

1

次の(1)から(15)までの（　）に入れるのに最も適切なものを 1, 2, 3, 4 の中から一つ選び，その番号のマーク欄をぬりつぶしなさい。

(1) My favorite (　　　) is baseball.

    1 song   **2** sport   **3** food   **4** subject

(2) (　　　　) is the seventh month of the year.

    1 June   **2** July   **3** August   **4** September

(3) Let's start today's class, everyone. Open your textbooks to (　　　) 34.

    1 word   **2** hour   **3** page   **4** ground

(4) **A** : Does your brother like basketball?

    B : Yes. He often (　　　) basketball games on the internet.

    1 sings   **2** swims   **3** drinks   **4** watches

(5) This table is too (　　　). I need a big one.

    1 small   **2** high   **3** long   **4** sorry

(6) **A** : What do you do in (   ) class?

  B : I sing some songs with my classmates.

  1 science **2** sport **3** history **4** music

(7) **A** : Your dog is small and (   ), Brad.

  B : Thanks, Emily. He is six months old now.

  1 big **2** hot **3** cute **4** sour

(8) **A** : It's too cold, Ann. Please (   ) the window.

  B : OK, Dad.

  1 have **2** help **3** put **4** close

(9) I always drink a (   ) of hot milk before
  breakfast.

  1 cup **2** chair **3** mouth **4** book

(10) I watch soccer games (   ) TV every weekend.

  1 on **2** in **3** to **4** from

(11) **A** : Where is Lucas?

    B : He's (　　　　) soccer at school now.

    1 practice   **2** practices

    3 practicing   **4** to practice

(12) My dogs are Rex and Danny. (　　　　) are big and cool.

    1 It   **2** He   **3** We   **4** They

(13) I know Ms. Smith. (　　　　) teaches English.

    1 She   **2** I   **3** They   **4** You

(14) **A** : (　　　　) touch the computer, Nick.

    B : Sorry, Dad.

    1 Don't   **2** Isn't   **3** Aren't   **4** Doesn't

(15) **A** : (　　　　) CD is this? I like this singer.

    B : It's mine. I like her, too.

    1 What   **2** Who   **3** How   **4** Whose

次の(16)から(20)までの会話について，（　　）に入れるのに最も適切なものを 1，2，3，4 の中から一つ選び，その番号のマーク欄をぬりつぶしなさい。

(16)　　　***Boy*** : Thank you for the delicious cake, Mom.

　　Mother : (　　　　) Alex.

　　1　You're welcome,　　　**2**　No thanks,

　　3　Here you are,　　　　**4**　Good job,

(17)　　　***Man*** : Excuse me. Where is the bus stop?

　　Woman : (　　　　) I don't know.

　　1　Good idea.　　　　**2**　I'm sorry.

　　3　Me, too.　　　　　**4**　It's mine.

(18)　***Teacher*** : What do you do after dinner, Lucas?

　　Student : (　　　　)

　　1　It's eight o'clock.　　**2**　I'm here.

　　3　It's my favorite food.　**4**　I read a book.

(19)　　　***Girl*** : Where's my skirt?

　　Mother : (　　　　)

　　1　It's over there.　　　**2**　Yes, you can.

　　3　It's very cute.　　　　**4**　This is new.

(20)   *Man* : Do you like music?
         Woman : Yes, very much. (   )

1 It's for you.   2 That's all.

3 It's a CD shop.   4 I play the guitar.

3

次の(21)から(25)までの日本文の意味を表すように①から④までを並べかえて □ の中に入れなさい。そして，1番目と3番目にくるものの最も適切な組合せを 1，2，3，4 の中から一つ選び，その番号のマーク欄をぬりつぶしなさい。※ただし，（　）の中では，文のはじめにくる語も小文字になっています。

(21) サラはシドニー出身です。

（① Sydney　② is　③ Sarah　④ from）

1　①-③　　**2**　②-③　　**3**　③-①　　**4**　③-④

---

(22) お会いできてうれしいです，グリーンさん。

（① you　② meet　③ nice　④ to）

, Mr. Green.

1　③-②　　**2**　①-④　　**3**　③-④　　**4**　①-②

---

(23) ぼくの妹は今，自分の部屋を掃除しています。

（① is　② her room　③ my sister　④ cleaning）

 now.

1　③-②　　**2**　③-④　　**3**　②-③　　**4**　④-①

(24) この自転車はいくらですか。

(① much ② is ③ how ④ this bike)

1番目		3番目	
			|?

1 ①－②   **2** ③－④   **3** ④－③   **4** ③－②

----

(25) 私は毎日，夕食を作ります。

(① every ② I ③ dinner ④ cook)

1番目		3番目	
				day.

1 ①－④   **2** ③－①   **3** ②－③   **4** ④－②

リスニングテスト

1 このテストは，第1部から第3部まであります。
◆英文は二度放送されます。

第1部 イラストを参考にしながら英文と応答を聞き，最も適切な応答を1，2，3の中から一つ選びなさい。

第2部 対話と質問を聞き，その答えとして最も適切なものを1，2，3，4の中から一つ選びなさい。

第3部 三つの英文を聞き，その中から絵の内容を最もよく表しているものを一つ選びなさい。

2 No. 25のあと，10秒すると試験終了の合図がありますので，筆記用具を置いてください。

第1部

Track 146～156

〔例題〕

No. 1

No. 2

No. 3

No. 4

No. 5

No. 6

No. 7

No. 8

No. 9

No.10

No. 11 | 1 $8. | 2 $13.
| 3 $38. | 4 $83.

No. 12 | 1 She plays basketball.
| 2 She plays the piano.
| 3 She goes to school.
| 4 She goes to the library.

No. 13 | 1 Danny. | 2 Danny's sister.
| 3 Carol. | 4 Carol's sister.

No. 14 | 1 In bed.
| 2 In the kitchen.
| 3 In the living room.
| 4 In the bathroom.

No. 15 | 1 Every day.
| 2 On weekends.
| 3 On Thursdays.
| 4 On Fridays.

Track 163〜174

No. 16

No. 17

No. 18

No. 19

No. 20

No. 21

No. 22

No. 23

No. 24

No. 25

やってみよう！

スピーキング
テスト
予想問題

スピーキングテスト
の概要は
別冊19ページを
確認してね！

スピーキングテスト[<ruby>予<rt>よ</rt></ruby> <ruby>想<rt>そう</rt></ruby> <ruby>問<rt>もん</rt></ruby> <ruby>題<rt>だい</rt></ruby> 1]

<ruby>次<rt>つぎ</rt></ruby>の<ruby>英文<rt>えいぶん</rt></ruby>の<ruby>黙読<rt>もくどく</rt></ruby>と<ruby>音読<rt>おんどく</rt></ruby>をしたあと, <ruby>質問<rt>しつもん</rt></ruby>に<ruby>答<rt>こた</rt></ruby>えなさい。

Mark's Sister

Mark has a sister, and her name is Emma. She is nine years old. She likes music. She can play the piano well.

Questions

No.1　Please look at the passage.

　　　What is the name of Mark's sister?

No.2　How old is she?

No.3　How many brothers or sisters do you have?

スピーキングテスト [予想問題2]

次の英文の黙読と音読をしたあと, 質問に答えなさい。

In the Living Room

Ben is in the living room.　He is watching TV.　His cat is sleeping on the sofa.　He likes his cat very much.

Questions

No.1　Please look at the passage.

　　　What is Ben doing?

No.2　Where is his cat?

No.3　What animal do you like?

問題カードの訳

> **マークの妹**
>
> マークには妹がいます, そして, 彼女の名前はエマです。彼女は9歳です。彼女は音楽が好きです。彼女はピアノを上手に弾くことができます。

No.1
質問の訳 英文を見てください。マークの妹の名前は何ですか。

解答例 It is Emma. / Her name is Emma.
[訳] それはエマです。/ 彼女の名前はエマです。

解説 質問では the name of Mark's sister(マークの妹の名前)を聞いています。英文の最初の文の後半から, Emma(エマ)だとわかります。Emma.とだけ答えるのではなく, It is Emma. や Her name is Emma.などのような文の形で答えましょう。

No.2
質問の訳 彼女は何歳ですか。

解答例 She is nine years old. / She is nine.
[訳] 彼女は9歳です。

解説 質問のHow oldは「何歳?」と「年齢」をたずねる言い方です。2文目から, Emmaが nine years old(9歳)だとわかります。ここでもNine years old.とだけ答えるのではなく, She is nine years old. やShe is nine.のように, She is で始める形で答えましょう。

No.3
質問の訳 あなたには兄弟や姉妹が何人いますか。

解答例 I have two brothers.
[訳] 私には兄弟が2人います。

解説 3番目の質問では, あなた自身についてたずねられます。How many 〜? には数を答えます。One.や Two. のように数だけを答えるのではなく, I have a sister.(私には姉妹が1人います。)などのように主語と動詞のある文で答えましょう。いない場合には, I don't have any brothers or sisters.(私には1人も兄弟や姉妹がいません。)などと答えましょう。

スピーキングテスト[予想問題2]の解答例と解説

問題カードの訳

リビングルームで

ベンはリビングルームにいます。彼はテレビを見ています。彼の猫はソファの上で眠っています。彼は彼の猫が大好きです。

No.1
質問の訳 英文を見てください。ベンは何をしていますか。

解答例
He is watching TV.
[訳] 彼はテレビを見ています。

解説 英文の2文目から、ベンは「テレビを見ている」ことがわかります。答えはその文をそのまま使って、He is watching TV.と答えましょう。

No.2
質問の訳 彼の猫はどこにいますか。

解答例
It is on the sofa.
[訳] それはソファの上にいます。

解説 質問の Where は「どこに?」と「場所」をたずねる語です。3文目から、on the sofa（ソファの上）だとわかります。ここでは On the sofa.とだけ答えるのではなく、It is on the sofa.のように、It isまたはIt'sで始める形で答えましょう。

No.3
質問の訳 あなたは何の動物が好きですか。

解答例
I like dogs.
[訳] 私は犬が好きです。

解説 3番目の質問では、あなた自身についてたずねられます。たずねられているのは「好きな動物」なので、動物名を具体的に答えます。I like のあとに自分の好きな動物を言いましょう。このとき、dogs（犬）、cats（猫）のように複数形にすることにも注意しましょう。

111

memo

解答と解説

英検®

年度
2024

5級

過去問題集

Gakken

CONTENTS

2024年度 英検5級過去問題集 解答と解説

英検 5 級

筆記 [p.024 － p.030]

1	(1) 2	(2) 3	(3) 1	(4) 1	(5) 2
	(6) 1	(7) 3	(8) 4	(9) 3	(10) 1
	(11) 1	(12) 2	(13) 3	(14) 2	(15) 1

2	(16) 4	(17) 1	(18) 3	(19) 1	(20) 3

3	(21) 4	(22) 3	(23) 2	(24) 1	(25) 4

リスニング [p.031 － p.035]

第1部	[No.1] 3	[No.2] 2	[No.3] 1	[No.4] 1	[No.5] 1
	[No.6] 3	[No.7] 3	[No.8] 2	[No.9] 3	[No.10] 2

第2部	[No.11] 3	[No.12] 1	[No.13] 2	[No.14] 4	[No.15] 2

第3部	[No.16] 2	[No.17] 1	[No.18] 3	[No.19] 2	[No.20] 2
	[No.21] 3	[No.22] 2	[No.23] 3	[No.24] 3	[No.25] 1

(1)　A: こちらにあなたの名前と電話番号を書いてください。

B: わかりました。

1 鳥　　**2** 名前　　**3** ドア　　**4** 腕時計

✎　空所の前に動詞 write（〜を書く）があり，telephone number（電話番号）といっしょに書くものを考えると，2が適切です。

📖 WORDS&PHRASES

□ **Please 〜.**──〜してください。　　□ **write**──〜を書く　　□ **here**──ここに

(2)　A: キョウコ，学校で理科と数学のどちらの教科が好きですか。

B: 数学です。

1 チーム　　**2** 窓　　**3** 教科　　**4** 場所

✎　Aの質問の最後に science or math（理科か数学）とあることから，3が適切です。

📖 WORDS&PHRASES

□ **at school**──学校で　　□ **science**──理科，科学　　□ **math**──数学

(3)　A: 新しいケーキ店に行きましょう，ティナ。

B: それはいい考えね。

1 店　　**2** 自転車　　**3** 卵　　**4** いす

✎　Aは Let's go to（〜に行きましょう）と言っていて，目的の場所を表す語句が続くと考えられるので，1が適切です。

📖 WORDS&PHRASES

□ **Let's 〜.**──〜しましょう。　　□ **new**──新しい　　□ **good**──よい　　□ **idea**──考え

(4)　生徒たちはよくブラウン先生の英語の授業でゲームをします。

1 ゲーム　　**2** 電話　　**3** かけ時計　　**4** カメラ

✎　空所の直前の動詞 play（〜をする）に続く語を考えると，1が適切です。

(5)　アリスは朝食にトーストを食べます。

1 新聞　2 朝食　3 音楽　4 雪

空所の前にある eats toast（トーストを食べる）と結びつく語を考えると，2が適切です。for breakfast で「朝食に」という意味を表します。

(6)　ジェシカは彼女の地元のサッカーチームの大ファンです。

1 ファン　2 テーブル　3 山　4 箱

空所の直後の of her hometown's soccer team（彼女の地元のサッカーチームの）とのつながりを考えると，1が適切です。

(7)　あの赤い魚を見て。とても速く泳いでいるよ。

1 ボール　2 花　3 魚　4 川

2文目の It's swimming very fast.（〈それは〉とても速く泳いでいるよ。）は空所の説明にあたるので，3が適切です。

(8)　*A:* じゃあね，ブレンダ。よい一日を（過ごしてね）。

B: ありがとう。

1 〜を食べる　2 行く　3 来る　4 〜を過ごす

Have a nice day. で「よい一日を。」という意味を表すので，4が適

切です。この表現は，別れ際や会話の終わりによく使われます。

(9) *A:* あなたはイングランド出身ですか，ケイティ？
B: その通りです。私はロンドン出身です。
1 上手に，よく　　**2** 小さい　　3 正しい　　**4** うれしい

✎　AにAre you from England ～? (あなたはイングランド出身ですか
～。)と聞かれたBが，空所の直後でI'm from London. (私はロンド
ン出身です。)と答えていることから，3が適切です。That's right. で
「その通りです。」という意味を表します。

(10) ケリーはよく自分の将来の夢について話します。
1 ～について　　**2** ～によって　　**3** ～から　　**4** ～の下に

✎　talk about ～ で「～について話す」という意味を表すので，1が適切
です。

(11) ヨシコはときどき夜に宿題をします。
1 (時)に　　**2** ～から離れて　　**3** ～のために　　**4** (場所)に，へ

✎　at nightで「夜に」という意味を表すので，1が適切です。

(12) メグミは13歳です。彼女は中学生です。
1 果物　　2 ～歳　　**3** 手　　**4** 少女

✎ 2文目にメグミが中学生だと書いてあり，13は年齢であることがわかるので，２が適切です。～ year(s) old で「～歳」という意味を表します。

📖 WORDS&PHRASES

□ ～ year(s) old — ～歳　□ junior high school — 中学校　□ student — 生徒

(13) A: お父さん，私を手伝って。今日の宿題がとても難しいの。

B: いいよ。

1 私は　　2 私の　　3 私を　　4 私のもの

✎ 動詞helpのあとに続くのは，「～を」という意味を表す３が適切です。

📖 WORDS&PHRASES

□ help — ～を手伝う，～を助ける　□ today — 今日　□ hard — 難しい，大変な

(14) A: キャシー，何をしているの？

B: 友だちに手紙を書いているの。

1 だれの　　2 何　　3 いつ　　4 だれ

✎ Bが I'm writing a letter to my friend.（友だちに手紙を書いているの。）と自分が今している行動を答えていることから，「何をしているのか」と聞かれたことがわかるので，２が適切です。

📖 WORDS&PHRASES

□ letter — 手紙　□ friend — 友だち　□ whose — だれの　□ when — いつ

(15) 姉[妹]と私は毎週日曜日に夕食を作ります。

1 cook（～を料理する）のI, you, 複数が主語のときの現在形

2 cookの3人称単数現在形

3 cookのing形

4 to+cookの原形

✎ 主語の My sister and I は複数なので，１が適切です。

📖 WORDS&PHRASES

□ sister — 姉，妹　□ dinner — 夕食　□ every＋曜日 — 毎週～曜日に

(16) 先生: あなたはふつうはどこで野球をするの，ジャック？
少年: 家の近くです，パーカー先生。

1 朝です，

2 さようなら，

3 ここにいるのですね，

4 家の近くです，

✍ Where do you usually play baseball 〜?（あなたはふつうはどこで野球をするの〜？）と野球をする場所を聞かれているので，Near my house（家の近くです）と答えている 4 が適切です。

■ WORDS&PHRASES

□ **where** — どこで   □ **usually** — ふつうは，たいてい   □ **baseball** — 野球

(17) 少女: お母さん，ショッピングモールに行こうよ。
母親: 今は忙しいの。今日の午後はどう？
少女: いいよ。

1 今日の午後はどう？

2 あれはあなたのバッグ？

3 どちらの色が好き？

4 だれがあなたといっしょに行けるの？

✍ 少女からショッピングモールに行くことを提案された母親が，I'm busy now.（今は忙しいの。）と言ったあとの言葉なので，How about this afternoon?（今日の午後はどう？）と別の時間を提案している 1 が適切です。

■ WORDS&PHRASES

□ **shopping mall** — ショッピングモール   □ **busy** — 忙しい   □ **now** — 今

(18) 父親: 向こうにいるあの男の子たちを知っているかい，フレッド？
少年: うん，お父さん。彼らはぼくの友だちだよ。

1 ぼくたちは今から家に帰るところだよ。

2 ぼくには彼らが見えないよ。

3 彼らはぼくの友だちだよ。

4 それは学校用だよ。

 向こうにいる男の子たちを知っているかと父親から聞かれた少年が Yes と答えているので，They're my friends.（彼らはぼくの友だちだよ。）と説明している 3 が適切です。

WORDS&PHRASES

□ know ～を知っている □ over there 向こうに □ go home 帰宅する

(19) 少女: あなたの辞書を使ってもいい，エディ？
少年: ごめん。今使っているんだ。

1 ごめん。

2 きみは大丈夫だよ。

3 ぼくは150センチメートルだよ。

4 きみへのものだよ。

 辞書を使ってもいいかと聞かれた少年の返答。直後で I'm using it now.（今使っているんだ。）と言っていることから，断ったことがわかるので，1 が適切です。

WORDS&PHRASES

□ Can I ～? ～してもいいですか。 □ use ～を使う □ dictionary 辞書

(20) 少女: お父さん，私の赤いペンが見つからないの。
父親: 見てごらん。テーブルの上にあるよ。

1 それはいいね。

2 それは5色あるよ。

3 テーブルの上にあるよ。

4 昼食後に行こう。

 ペンを探している少女に対する父親の言葉で，Look.（見てごらん。）と言っていることから，It's on the table.（テーブルの上にあるよ。）と教えている 3 が適切です。

WORDS&PHRASES

□ can ～できる □ find ～を見つける □ nice よい，素敵な □ color 色

(21) **Judy, (how does your sister practice) the piano?**

✍ 「どうやって〜しますか。」と聞きたいときは，〈How do［does］＋主語＋動詞の原形 〜?〉で表します。

(22) **I always (get up at six) in the morning.**

✍ 「起きる」はget up，「〜時に」は〈at＋時刻〉で表します。

(23) **(We clean our classroom) every day.**

✍ 「〜の」を表す所有格の代名詞は，必ず直後に名詞が続き，〈所有格＋名詞〉の形になるので，our（私たちの）のあとにclassroomを続けます。

(24) **(Can you close the window), please?**

✍ canを使った疑問文は，〈Can＋主語＋動詞の原形 〜?〉の語順に並べます。Can you 〜?で「〜してくれますか。」と相手にお願いする表現になることがあります。

(25) **(Who is walking with) Mr. Suzuki?**

✍ 「〜しているのはだれですか。」と聞くときは，Who is 〜ing?で表します。whoが主語なので，そのあとに動詞を続けます。

<れいだい>
〈例題〉

🔊 "Is this your bag?"
1 Sure, I can.
2 On the chair.
3 Yes, it is.

「これはあなたのかばん？」
1 「もちろん，できるよ。」
2 「いすの上だよ。」
3 「うん，そうだよ。」

No.1

🔊 "Do you have a cat?"
1 Yes, I know.
2 Thank you.
3 No, but I want one.

「猫を飼っているの？」
1 「うん，知っているよ。」
2 「ありがとう。」
3 「いいえ，でも飼いたいの。」

- -

 No, but I want one. の one は名詞のくり返しを避けるために使われていて，ここでは a cat を指しています。そのため，質問に対して「飼ってはいないけれども猫が1匹ほしい」という意味になるので，3が適切です。

No.2

🔊 "What's in the basket, Dad?"

1 That's cute.
2 Some potatoes.
3 It's hot.

「バスケットの中に何が入っているの，お父さん？」
1 「あれはかわいいね。」
2 「ジャガイモだよ。」
3 「暑いね。」

No.3

🔊 "Do you like sports?"
1 No, I don't.
2 No, it isn't.
3 No, I'm not.

「スポーツは好き？」
1 「いいえ，好きじゃないよ。」
2 「いいえ，それはちがうよ。」
3 「いいえ，私はそうじゃないよ。」

- -

 Do you 〜? (あなたは〜しますか。) と聞かれた場合，Yes, I do. (は

い)か No, I don't. (いいえ)で答えるのがふつうなので，1が適切です。

No.4

🔊 "How much is this watch?" 　 「この腕時計はいくらですか。」
　 1　Eighty dollars. 　 1 「80ドルです。」
　 2　For two hours. 　 2 「2時間です。」
　 3　At five. 　 3 「5時にです。」

- -

📋 How much is ～? (～はいくらですか。)と聞かれた場合，値段を答えるので，1が適切です。

No.5

🔊 "Do you have a social studies 　 「今日は社会のテストがあるの？」
　 test today?"
　 1　No, it's tomorrow. 　 1 「ううん，明日だよ。」
　 2　No, I'm a student. 　 2 「ううん，ぼくは生徒だよ。」
　 3　No, it's in my bag. 　 3 「ううん，ぼくのバッグの中にあ
　 　 　 るよ。」

No.6

🔊 "How many students are in 　 「あなたのクラブには何人の生徒が
　 your club?" 　 いるの？」
　 1　My name is Jack. 　 1 「ぼくの名前はジャックだよ。」
　 2　On Thursdays. 　 2 「毎週木曜日にね。」
　 3　Thirteen. 　 3 「13人だよ。」

- -

📋 〈How many + 複数名詞 ～?〉(いくつの[何人の]…が[を]～です
か。)と聞かれた場合，数を答えるので，3が適切です。

No.7

🔊 "When can we go cycling?" 　 「いつサイクリングに行ける？」
　 1　The department store. 　 1 「デパートだよ。」
　 2　Some new shirts. 　 2 「何枚かの新しいシャツだよ。」

3 This weekend. | 3 「今週末だね。」

No.8

"Do you like my new shoes?" | 「私の新しい靴は好き？」
1 Yes, that's $20. | 1 「うん，それは20ドルだね。」
2 Yes, they're pretty. | 2 「うん，かわいいね。」
3 Yes, it's my birthday. | 3 「うん，ぼくの誕生日だよ。」

No.9

"How long is that bridge?" | 「あの橋はどれくらいの長さですか。」

1 For one hour. | 1 「1時間です。」
2 I have a car. | 2 「私は車を持っています。」
3 It's about 50 meters. | 3 「約50メートルです。」

How long is ~? (～はどれくらいの長さですか。)と聞かれた場合，ものの長さを答えるので，3が適切です。

No.10

"I'm going to my friend's house." | 「友だちの家に行ってきます。」
1 It's in the kitchen. | 1 「それは台所にあるよ。」
2 Have a good time. | 2 「楽しい時間を過ごしてね。」
3 I don't know. | 3 「わからないな。」

相手がI'm going to my friend's house. (友だちの家に行ってきます。)と言っているので，人を送り出すときの表現としては2が適切です。

リスニングテスト第2部

（問題 p.033）

No.11

A: When is your concert, Amanda?

B: On Saturday. Please come, Dad.

Question **When is Amanda's concert?**

A: きみのコンサートはいつ，アマンダ？

B: 土曜日だよ。来てね，お父さん。

質問 **アマンダのコンサートはいつですか。**

1 木曜日です。　　　　　　　　2 金曜日です。

3 土曜日です。　　　　　　　　4 日曜日です。

📝 コンサートがいつかと聞かれたB（アマンダ）が，On Saturday.（土曜日だよ。）と答えているので，3が適切です。

No.12

A: Is this green umbrella yours, Mike?

B: No, that's Helen's. Mine is black.

Question **Whose umbrella is green?**

A: この緑色の傘はあなたの，マイク？

B: ううん，それはヘレンのだよ。ぼくのは黒だよ。

質問 **だれの傘が緑色ですか。**

1 ヘレンのです。　　　　　　　2 マイクのです。

3 ヘレンの姉［妹］のです。　　　4 マイクの姉［妹］のです。

📝 緑色の傘が自分のものかと聞かれたB（マイク）が，No, that's Helen's.（ううん，それはヘレンのだよ。）と答えているので，1が適切です。

No.13

A: Can I have a banana?

B: Yes. There's one on the table.

Question **Where is the banana?**

- -

A: バナナを食べてもいい？

B: うん。テーブルの上に1本あるよ。

質問 **バナナはどこにありますか。**

1 テーブルの下です。　　　　　2 テーブルの上です。
3 いすの下です。　　　　4 いすの上です。

- -

Aからバナナを食べていいかと聞かれたBが, Yes. There's one（＝ a banana）on the table.（うん。テーブルの上に1本あるよ。）と答えているので, 2が適切です。

No.14

A: I have a new cat. Do you have any pets?

B: No, but my grandma has a fish and a rabbit.

Question **What does the boy have?**

- -

A: ぼくは新しい猫を飼っているよ。きみは何かペットを飼っている？

B: ううん，でもおばあちゃんが魚とウサギを飼っているよ。

質問 **少年は何を飼っていますか。**

1 魚です。　　　　　　　　　2 犬です。
3 ウサギです。　　　　　4 猫です。

- -

A（少年）がI have a new cat.（ぼくは新しい猫を飼っているよ。）と言っているので, 4が適切です。

A: Luke, is your sister six years old?

B: No, she's five.

Question **How old is Luke's sister?**

A: ルーク，あなたの妹は6歳なの？

B: いいや，彼女は5歳だよ。

質問 **ルークの妹は何歳ですか。**

1　4歳です。　　　　　　　　　　2　5歳です。

3　6歳です。　　　　　　　　　　4　7歳です。

Aから妹が6歳かと聞かれたB（ルーク）が，No, she's five.（いいや，彼女は5歳だよ。）と答えているので，2が適切です。

No.16

🔊
1 Henry's foot is 8 centimeters long.
2 Henry's foot is 18 centimeters long.
3 Henry's foot is 28 centimeters long.

---

1 ヘンリーの足は8センチメートルです。
2 ヘンリーの足は18センチメートルです。
3 ヘンリーの足は28センチメートルです。

 少年の足の大きさが「18cm」と示されているので、2が適切です。eight（8）とeighteen（18）の発音のちがいに注意しましょう。footは「足」という意味です。

No.17

🔊
1 Vanessa is using chopsticks.
2 Vanessa is washing chopsticks.
3 Vanessa is buying chopsticks.

---

1 ヴァネッサはおはしを使っています。
2 ヴァネッサはおはしを洗っています。
3 ヴァネッサはおはしを買っています。

 少女がおはしを使って食事をしている絵なので、1が適切です。chopsticksは「おはし」という意味です。

No.18

🔊
1 Sho goes to the park at nine every night.
2 Sho takes a shower at nine every night.
3 Sho goes to bed at nine every night.

---

1 ショウは毎晩9時に公園に行きます。

2 ショウは毎晩9時にシャワーを浴びます。

3 ショウは毎晩9時に寝ます。

- -

✓ 少年が寝ようとしている絵なので，3が適切です。take a shower
は「シャワーを浴びる」，go to bedは「寝る」という意味です。

No.19

🔊 1 Mr. Yamada works at a museum.

2 Mr. Yamada works at a post office.

3 Mr. Yamada works at a hamburger shop.

- -

1 山田さんは博物館で働いています。

2 山田さんは郵便局で働いています。

3 山田さんはハンバーガー店で働いています。

- -

✓ 窓口で封筒を持っている女性と話している絵なので，2が適切です。
museumは「博物館，美術館」，post officeは「郵便局」という意味です。

No.20

🔊 1 The lion is 215 kilograms.

2 The lion is 250 kilograms.

3 The lion is 350 kilograms.

- -

1 そのライオンは215キログラムです。

2 そのライオンは250キログラムです。

3 そのライオンは350キログラムです。

- -

✓ ライオンの入っているおりに「250kg」と示されているので，2が適
切です。fifteen（15）とfifty（50）の発音のちがいに注意しましょう。

No.21

🔊 1 A horse is eating by the house.

2 A pig is eating by the house.

3 A sheep is eating by the house.

1 馬が家のそばで食べています。
2 豚が家のそばで食べています。
3 羊が家のそばで食べています。

☑ 羊が草を食べている絵なので，3が適切です。horseは「馬」，pig
は「豚」，sheepは「羊」という意味です。

No.22

🔊 **1** The bird is on Julie's leg.

2 The bird is on Julie's shoulder.

3 The bird is on Julie's head.

1 鳥はジュリーの脚の上にいます。
2 鳥はジュリーの肩の上にいます。
3 鳥はジュリーの頭の上にいます。

☑ 女性の肩に鳥がとまっている絵なので，2が適切です。legは「脚」，
shoulderは「肩」，headは「頭」という意味です。

No.23

🔊 **1** Brad is cleaning a shirt.

2 Brad is cleaning a car.

3 Brad is cleaning a window.

1 ブラッドはシャツを洗っています。
2 ブラッドは車を洗っています。
3 ブラッドは窓をふいています。

☑ 男性が窓をふいている絵なので，3が適切です。

1 Brenda is writing a letter.
2 Brenda is making breakfast.
3 Brenda is talking on the phone.

1 ブレンダは手紙を書いています。
2 ブレンダは朝食を作っています。
3 ブレンダは電話で話しています。

✎ 女性が携帯電話で話をしている絵なので、3が適切です。talk on the phone は「電話で話す」という意味です。

1 Mark is swimming in the sea.
2 Mark is swimming in a river.
3 Mark is swimming in a pool.

1 マークは海で泳いでいます。
2 マークは川で泳いでいます。
3 マークはプールで泳いでいます。

✎ 泳いでいる男性の向こう側に船と島があるので、1が適切です。sea は「海」、river は「川」、pool は「プール」という意味です。

英 検 5 級

筆記 [p.038 − p.044]

1
(1) 2　(2) 1　(3) 4　(4) 3　(5) 1
(6) 4　(7) 2　(8) 4　(9) 2　(10) 3
(11) 2　(12) 1　(13) 1　(14) 2　(15) 4

2
(16) 2　(17) 3　(18) 3　(19) 1　(20) 4

3
(21) 2　(22) 1　(23) 4　(24) 3　(25) 1

リスニング [p.045 − p.049]

第 **1** 部　[No.1] 1　[No.2] 2　[No.3] 2　[No.4] 2　[No.5] 3
[No.6] 2　[No.7] 2　[No.8] 3　[No.9] 1　[No.10] 3

第 **2** 部　[No.11] 3　[No.12] 2　[No.13] 2　[No.14] 1　[No.15] 2

第 **3** 部　[No.16] 2　[No.17] 3　[No.18] 2　[No.19] 3　[No.20] 3
[No.21] 2　[No.22] 1　[No.23] 3　[No.24] 1　[No.25] 1

(1)　*A:* アリスはペットを飼っていますか。
　　　B: はい。彼女は犬を３匹飼っています。
　　　1 ビデオ　　**2** ペット　　**3** 歌　　**4** 授業

　　　📝 BがShe（= Alice）has three dogs.（彼女は犬を３匹飼っています。）
　　　と言っていることから，Aが飼っている動物について質問したことが
　　　わかるので，**2**が適切です。

　　　📖 **WORDS&PHRASES**
　　　| □ have ─ 〜を飼っている　　□ video ─ ビデオ　　□ pet ─ ペット　　□ song ─ 歌 |

(2)　*A:* 見て！　あの猫はとても小さいね。
　　　B: うん。とてもかわいいね。
　　　1 小さい　　**2** 雨の　　**3** 高い　　**4** くもりの

　　　📝 空所にはthat cat（あの猫）を説明する語が入るので，**1**が適切です。

　　　📖 **WORDS&PHRASES**
　　　| □ look ─ 見る　　□ very ─ とても　　□ cute ─ かわいい　　□ small ─ 小さい |

(3)　ケンジはとても上手に英語を話すことができます。彼は英語が大好きです。
　　　1 〜を見る　　**2** 〜を食べる　　**3** 住んでいる　　**4** 〜を話す

　　　📝 空所の直後のEnglish（英語）とのつながりを考えると，**4**が適切です。

　　　📖 **WORDS&PHRASES**
　　　| □ can ─ 〜できる　　□ well ─ 上手に　　□ like 〜 very much ─ 〜が大好きだ |

(4)　*A:* あなたは何色が好きですか。
　　　B: 緑色が好きです。
　　　1 年　　**2** 歌　　**3** 色　　**4** 映画

　　　📝 Bがgreen（緑色）が好きだと答えていることから，Aが色について質
　　　問したことがわかるので，**3**が適切です。

(5) A: ヒロシ，あなたはどの季節(きせつ)が好(す)きですか。
B: 春(はる)が好(す)きです。私(わたし)たちは4月(がつ)に新(あたら)しい友(とも)だちに会(あ)うことができます。

1 ～に会(あ)う　2 行(い)く　3 ～を閉(し)める　4 ～を料理(りょうり)する

✅ 空所(くうしょ)の直後(ちょくご)の new friends（新(あたら)しい友(とも)だち）とのつながりを考(かんが)えると，1が適切(てきせつ)です。

(6) A: みなさん，教科書(きょうかしょ)の35ページを開(ひら)いてください。
B: わかりました，ブラウン先生(せんせい)。

1 リンゴ　2 電車(でんしゃ)　3 木(き)　4 教科書(きょうかしょ)

✅ 空所(くうしょ)の前(まえ)の open（～を開(ひら)く），あとの page 35（35ページ）とのつながりを考(かんが)えると，4が適切(てきせつ)です。

(7) A: リンダはとても上手(じょうず)に踊(おど)りますか？
B: はい。彼女(かのじょ)は毎週月曜日(まいしゅうげつようび)と火曜日(かようび)にレッスンを受(う)けています。

1 ～を作(つく)る　2 踊(おど)る　3 ～がほしい　4 ～を開(ひら)く

✅ Bが takes lessons（レッスンを受(う)けている）と言(い)っていることから考(かんが)えると，2が適切(てきせつ)です。

(8) 私(わたし)は毎週日曜日午前(まいしゅうにちようびごぜん)9時(じ)30分(ぷん)から午前(ごぜん)11時(じ)30分(ぷん)まで図書館(としょかん)で勉強(べんきょう)します。

1 ～の　2 ～といっしょに　3 ～の下(した)に　4 ～から

✅ from A to B で「AからBまで」という意味(いみ)なので，4が適切(てきせつ)です。

WORDS&PHRASES

□ study — 勉強する   □ library — 図書館   □ every — すべての, 毎〜

(9) A: このノートがほしいです。いくらですか。

B: 100円です。

1 （How old ～?で)何歳?   2 （How much ～?で)いくら?

3 （How long ～?で)どのくらいの長さ?

4 （How many ～?で)いくつの?

Bが100 yen (100円)と答えていることから，Aが値段をたずねたことがわかるので，2が適切です。How much ～?で「〜はいくらですか。」という意味です。

WORDS&PHRASES

□ want — 〜がほしい   □ notebook — ノート

(10) 私の父は朝にいつも朝食に卵を食べます。

1 〜の上に   2 〜のそばに   3 〜に   4 〜の

----

in the morningで「朝に，午前中に」という意味なので，3が適切です。

WORDS&PHRASES

□ father — 父親   □ always — いつも   □ eat — 〜を食べる   □ egg — 卵

(11) A: 向こうにいる少年を知っていますか，ジェーン?

B: ええ，ケン。あれは私の兄[弟]です。

1 あれ   2 そこに   3 〜も   4 それから

----

over thereで「向こうに」という意味なので，2が適切です。

WORDS&PHRASES

□ know — 〜を知っている   □ brother — 兄, 弟   □ too — 〜も

(12) ヒロシはいつも午後9時に寝て，午前6時に起きます。

1 （go to bedで)寝る   2 （スポーツなど)をする

3 〜をする   4 座る

✎ go to bed で「寝る」という意味なので，**1** が適切です。

📖 WORDS&PHRASES
□ get up — 起きる　　□ play — （スポーツなど）をする　　□ sit — 座る

(13) *A:* カナコ，あなたは野球のファンですか。

B: はい，そうです。

1 主語が I のときの be 動詞
2 主語が３人称単数のときの be 動詞
3 主語が you や複数のときの be 動詞
4 do の３人称単数現在形

✎ Are you ~ ?（あなたは~ですか。）という質問の答えなので，**1** が適切です。なお，否定する場合は No, I'm not. と答えます。

📖 WORDS&PHRASES
□ baseball — 野球　　□ fan — ファン

(14) *A:* この写真の少女たちはだれですか，ジャック？

B: 彼女たちは私の姉妹です。

1 彼女は　　**2 彼女たちは**　　3 彼は　　4 私は

✎ 空所には A の質問文の the girls を指すものが入るので，**2** が適切です。

📖 WORDS&PHRASES
□ who — だれ　　□ picture — 写真，絵　　□ sister — 姉，妹

(15) *A:* 私のペンが見つからないの。ジュリア，あなたのを使ってもいい？

B: いいよ。

1 あなたは　　2 あなたの　　3 私たちの　　**4 あなたのもの**

✎ 自分のペンが見つからない A が，B（ジュリア）にペンを借りる場面なので，**4** が適切です。この文では yours は your pen を指します。

📖 WORDS&PHRASES
□ find — ~を見つける　　□ Can I ~ ? — ~してもいいですか。　　□ use — ~を使う

(16) 少年1: お母さんはどこにいるの，アーサー？
少年2: お店だよ。夕食の果物を買いに行ってるよ。
　　　1 彼女は素敵だね。　　　2 お店だよ。
　　　3 その週末にね。　　　4 彼女はたくさん持っているよ。

☑ Where ～?（どこに～ですか？）という質問の答えなので，場所を表す2が適切です。

WORDS&PHRASES

□ Mom — お母さん　　□ buy — ～を買う　　□ fruit — 果物　　□ dinner — 夕食

(17) 先生: 窓を開けてください，チャーリー。暑いですね。
少年: わかりました，カーター先生。
　　　1 日曜日です。　　　2 学校へです。
　　　3 暑いですね。　　　4 家です。

☑ 空所の直前で，先生がチャーリーに対してPlease open the window.（窓を開けてください）とお願いしていることから，その理由となる3が適切です。

WORDS&PHRASES

□ Please ～. — ～してください。　　□ window — 窓　　□ at home — 家で

(18) 少女: この傘は素敵だね。だれの？
少年: ぼくのお父さんのだよ。
　　　1 それはどう作るの？　　　2 よくそれを使うの？
　　　3 だれの？　　　4 どちらが私のもの？

☑ 少年がIt's my father's.（ぼくのお父さんのだよ。）と答えていることから，だれのものかと持ち主をたずねている3が適切です。itはthis umbrellaを指します。

WORDS&PHRASES

□ umbrella — 傘　　□ nice — 素敵な　　□ how — どのようにして

(19) **少女1：** シンディ，ここで何枚か写真を撮ろう。
少女2： それはいい考えだね。この庭はとってもきれいだね。

　　　　　1　それはいい考えだね。　　2　あなたは背が高いね。

　　　　　3　それは私のものだよ。　　4　この本はいいね。

少女1から let's take some pictures here（ここで何枚か写真を撮ろう）と提案されたことに対する返答なので，1が適切です。That's a good idea.（それはいい考えだね。）は相手の提案に賛成するときに用いる表現です。

📖 WORDS&PHRASES

□ Let's ～. 　～しましょう。　　□ take　（写真）を撮る　　□ here　ここで

----

(20) **少女：** ジュースを飲んでもいい？
父親： もちろん。キッチンにあるよ。

　　　　　1　いいえ，結構。　　　　2　魚が好きなんだ。

　　　　　3　うん，できるよ。　　　4　もちろん。

少女から Can I have some juice?（ジュースを飲んでもいい？）と聞かれた父親の返答なので，4が適切です。その直後でIt's in the kitchen.（キッチンにあるよ。）と言っていることからも，ジュースを飲むことを許可していることがわかります。

📖 WORDS&PHRASES

□ No, thanks.　いいえ，結構です。　　□ Of course.　もちろんです。

(21)　**I (have a lot of friends) in Singapore.**

✓　「(友だち)がいる」という表現は，haveを用います。「たくさんの〜」はa lot of 〜で表します。

(22)　**This flower (is a present for Tom).**

✓　「〜へのプレゼント」はa present for 〜で表します。

(23)　**Bill (and I go skiing) in winter.**

✓　「〜しに行く」はgo 〜ingで表します。

(24)　**James, when (does your father read the newspaper)?**

✓　疑問詞で始まる一般動詞の現在形の疑問文は〈疑問詞 + do［does］+ 主語 + 動詞の原形〜?〉で表します。

(25)　**Mike (is listening to music) now.**

✓　「…は今〜している」は現在進行形で，is［am，are］〜ingで表します。「〜を聞く」は，listen to 〜で表します。

リスニングテスト第１部

〈例題〉

🔊 "Is this your bag?"
1　Sure, I can.
2　On the chair.
3　Yes, it is.

「これはあなたのかばん？」
1　「もちろん，できるよ。」
2　「いすの上だよ。」
3　「うん，そうだよ。」

No.1

🔊 "What are you doing?"
1　My homework.
2　With my friend.
3　It's me.

「何をしているの？」
1　「宿題だよ。」
2　「友だちとだよ。」
3　「それは私だよ。」

No.2

🔊 "Which sandwich is yours?"
1　Apple juice, please.
2　The ham sandwich is
　　mine.
3　It's good.

「どちらのサンドイッチがきみの？」
1　「リンゴジュースをお願い。」
2　「ハムサンドが私のだよ。」
3　「いいね。」

No.3

🔊 "How much is this chair?"
1　Under the desk.
2　It's $20.
3　Please sit down.

「このいすはいくらですか。」
1　「机の下にあります。」
2　「20ドルです。」
3　「座ってください。」

📝 How much 〜?（〜はいくらですか。）と聞いているので，It's $20.（20ドルです。）と値段を答えている２が適切です。

No.4

🔊 "How old is your dog?"
1　He likes milk.

「あなたの犬は何歳？」
1　「彼は牛乳が好きだよ。」

2 He's 10 years old.　|　2「彼は10歳だよ。」
3 He's brown and white.　|　3「彼は茶と白だよ。」

✎ How old ～? (～は何歳ですか。)と聞いているので，He's 10 years old. (彼は10歳だよ。)と年齢を答えている2が適切です。

No.5

🔊

"Who is playing the piano?"　|　「だれがピアノを弾いているの？」
1 At home.　|　1「家でだよ。」
2 Yes, he is.　|　2「ええ，彼が弾いているよ。」
3 My classmate.　|　3「私のクラスメートだよ。」

No.6

🔊

"I can speak Spanish well."　|　「ぼくはスペイン語を上手に話すことができるよ。」

1 It's my radio.　|　1「それは私のラジオだよ。」
2 I can, too.　|　2「私もできるよ。」
3 By plane.　|　3「飛行機で。」

No.7

🔊

"What do you do on weekends?"　|　「毎週末，何をするの？」

1 With my family.　|　1「家族とだよ。」
2 I play tennis.　|　2「テニスをするよ。」
3 I like it.　|　3「それが好きだな。」

✎ What do you do on weekends? (毎週末，何をするの？)と聞いているので，具体的な行動を答えている2が適切です。

No.8

🔊

"Is the curry hot, James?"　|　「カレーはからい，ジェームズ？」
1 Yes, I do.　|　1「うん，ぼくはするよ。」
2 No, thanks.　|　2「いいえ，結構。」

3　Yes, a little. | 3　「うん，少しね。」

No.9

"I walk to the beach every evening." | 「ぼくは毎晩歩いて海辺まで行くよ。」
1　That's nice. | 1　「それはいいね。」
2　By train. | 2　「電車でだよ。」
3　It's sunny. | 3　「晴れだよ。」

相手から毎晩海辺まで歩いていることを聞いて，それに対しての一言なので，その感想にあたる 1 が適切です。

No.10

"Where does your uncle live?" | 「あなたのおじさんはどこに住んでいるの？」
1　Sometimes. | 1　「ときどきだよ。」
2　Forty years old. | 2　「40歳だよ。」
3　In Osaka. | 3　「大阪だよ。」

No.11

A: I eat toast for breakfast. How about you, Chris?

B: I don't like toast. I eat rice every morning.

Question **What does Chris eat for breakfast?**

- -

A: 私は朝食にトーストを食べるの。あなたはどう，クリス？

B: ぼくはトーストは好きじゃないな。毎朝ご飯を食べるよ。

質問 **クリスは朝食に何を食べますか。**

1 卵です。　　　　　　　　　　2 トーストです。

3 ご飯です。　　　　　　　　　4 パンケーキです。

- -

　B（クリス）がI eat rice every morning.（毎朝ご飯を食べるよ。）と言っているので，3が適切です。

No.12

A: Can I have the butter, please?

B: Yes, here you are.

Question **What does the boy want?**

- -

A: バターをもらえますか。

B: はい，どうぞ。

質問 **少年は何をほしいと思っていますか。**

1 牛乳です。　　　　　　　　　2 バターです。

3 温かい飲み物です。　　　　　4 パンです。

- -

　A（少年）がCan I have the butter, please?（バターをもらえますか。）と言っているので，2が適切です。Can I have ～, please?はレストランやカフェで注文するときなどに用いる表現です。

No.13

A: Dad, I can't find my schoolbag. It's not in my bedroom.

B: It's in the kitchen.

Question **Where is the girl's schoolbag?**

- -

A: お父さん，通学かばんが見つからないの。私の寝室にない。

B: キッチンにあるよ。

質問 **少女の通学かばんはどこにありますか。**

1 彼女の寝室です。　　　　　　2 キッチンです。
3 学校です。　　　　　　4 彼女の友人の家です。

- -

📝 通学かばんが見つからないと言われたB（父親）が，It's in the kitchen.（キッチンにあるよ。）と答えていることから，2が適切です。Itはyour schoolbagを指します。

No.14

A: I have a blue notebook.

B: Mine is green, and my brother has a yellow one.

Question **Who has a blue notebook?**

- -

A: 私は青いノートを持っているよ。

B: ぼくのは緑色で，兄［弟］は黄色のノートを持っているよ。

質問 **だれが青いノートを持っていますか。**

1 少女です。　　　　　　2 少年です。
3 少女の兄［弟］です。　　　　4 少年の兄［弟］です。

- -

📝 A（少女）がI have a blue notebook.（私は青いノートを持っているよ。）と言っているので，1が適切です。

23年度 第2回 リスニング

A: When do you eat dinner?

B: I usually eat dinner at 6:30.

Question **When does the girl usually eat dinner?**

A: きみはいつ夕食を食べるの？

B: たいてい6時30分に夕食を食べるわよ。

質問 **少女はたいていいつ夕食を食べますか。**

1　6時です。　　　　　　　　　2　6時30分です。

3　7時です。　　　　　　　　　4　7時30分です。

B（少女）がI usually eat dinner at 6:30.（たいてい6時30分に夕食を食べるわよ。）と言っているので，2が適切です。

リスニングテスト第3部

（問題　p.048 〜 049）

No.16

1　Ayako is putting a clock on the bed.

2　Ayako is putting a clock on the wall.

3　Ayako is putting a clock on the chair.

1　アヤコはベッドの上に時計を置いています。

2　アヤコは壁に時計をかけています。

3　アヤコはいすの上に時計を置いています。

少女が壁に時計をかけている絵なので，2が適切です。wallは「壁」という意味です。

No.17

1　Jane has many trains.

2　Jane has many albums.

3　Jane has many animals.

1　ジェーンはたくさんの電車を持っています。

2　ジェーンはたくさんのアルバムを持っています。

3　ジェーンはたくさんの動物を飼っています。

牧場で少女の周りに馬や犬，ウサギ，柵の中に牛がいる絵なので，3が適切です。trainは「電車」，albumは「アルバム」，animalは「動物」という意味です。

No.18

1　It's five forty-five in the morning.

2　It's five fifty in the morning.

3　It's five fifty-five in the morning.

1　午前5時45分です。

2 午前 5 時50分です。
3 午前 5 時55分です。

☑ 目覚まし時計の表示が5:50となっているので，2が適切です。forty-five (45)，fifty (50)，fifty-five (55) の発音に注意しましょう。

No.19

🔊
1 Ms. Foster is at a department store.
2 Ms. Foster is at a post office.
3 Ms. Foster is at an airport.

1 フォスターさんはデパートにいます。
2 フォスターさんは郵便局にいます。
3 フォスターさんは空港にいます。

☑ 女性がキャリーバッグをひいていて，窓の外には飛行機が見える絵なので，3が適切です。department storeは「デパート」，post officeは「郵便局」，airportは「空港」という意味です。

No.20

🔊
1 The pens are in the pencil case.
2 The pens are on the pencil case.
3 The pens are by the pencil case.

1 ペンは筆箱の中に入っています。
2 ペンは筆箱の上にあります。
3 ペンは筆箱のそばにあります。

☑ 数本のペンが筆箱の横に置いてある絵なので，3が適切です。ここでは，byは「〜のそばに」という意味です。

No.21

🔊
1 Sayaka can swim well.

2　Sayaka can dance well.

3　Sayaka can draw well.

1　サヤカは上手に泳ぐことができます。
2　サヤカは上手に踊ることができます。
3　サヤカは上手に絵をかくことができます。

☑ 女性が踊っている絵なので，2が適切です。swimは「泳ぐ」，dance
は「踊る」，drawは「(鉛筆などで線画)をかく」という意味です。

No.22

🔊 1　Harry and Jill are looking at a kangaroo.
2　Harry and Jill are looking at a rabbit.
3　Harry and Jill are looking at a lion.

1　ハリーとジルはカンガルーを見ています。
2　ハリーとジルはウサギを見ています。
3　ハリーとジルはライオンを見ています。

☑ 2人の子どもがカンガルーを見ている絵なので，1が適切です。
kangarooは「カンガルー」，rabbitは「ウサギ」，lionは「ライオ
ン」という意味です。

No.23

🔊 **1**　Christina is washing her car.
2　Christina is washing her dog.
3　Christina is washing her hair.

1　クリスティーナは自分の車を洗っています。
2　クリスティーナは自分の犬を洗っています。
3　クリスティーナは自分の髪の毛を洗っています。

☑ 女性が洗面台で髪の毛を洗っている絵なので，3が適切です。hair

は「髪の毛」という意味です。

No.24

🔊 **1** **Rebecca has a fish.**

2 Rebecca has a bird.

3 Rebecca has a horse.

----

1 レベッカは魚を飼っています。
2 レベッカは鳥を飼っています。
3 レベッカは馬を飼っています。

📝 水槽の中に魚がいる絵なので，1が適切です。fishは「魚」，bird
は「鳥」，horseは「馬」という意味です。

No.25

🔊 **1** **The cat is jumping.**

2 The cat is drinking.

3 The cat is sleeping.

----

1 猫はジャンプしています。
2 猫は飲み物を飲んでいます。
3 猫は眠っています。

📝 猫がボールをめがけて跳び上がっている絵なので，1が適切です。
jumpは「ジャンプする」という意味です。

英検 **5** 級

筆記 [p.052 - p.058]

1
(1) 2	(2) 3	(3) 4	(4) 3	(5) 3
(6) 4	(7) 2	(8) 4	(9) 2	(10) 1
(11) 3	(12) 2	(13) 3	(14) 1	(15) 3

2
(16) 1	(17) 3	(18) 1	(19) 4	(20) 3

3
(21) 1	(22) 4	(23) 2	(24) 1	(25) 3

リスニング [p.059 - p.063]

第 **1** 部
[No.1] 2	[No.2] 1	[No.3] 1	[No.4] 2	[No.5] 3
[No.6] 2	[No.7] 2	[No.8] 3	[No.9] 2	[No.10] 1

第 **2** 部
[No.11] 3	[No.12] 2	[No.13] 1	[No.14] 2	[No.15] 3

第 **3** 部
[No.16] 1	[No.17] 1	[No.18] 2	[No.19] 2	[No.20] 1
[No.21] 2	[No.22] 3	[No.23] 3	[No.24] 1	[No.25] 3

(1) *A:* 向^むこうにあるあの川^{かわ}を見^みて，ジャック。

B: おお！　水^{みず}がとても青^{あお}いね。

1 授業^{じゅぎょう}　　2 川^{かわ}　　3 足^{あし}　　4 教科書^{きょうかしょ}

✓ BがThe water is very blue.（水^{みず}がとても青^{あお}いね。）と言^いっていることから，2が適切^{てきせつ}です。

📖 WORDS&PHRASES
| □ **class** — 授業^{じゅぎょう} | □ **river** — 川^{かわ} | □ **foot** — 足^{あし} | □ **textbook** — 教科書^{きょうかしょ} |

(2) *A:* あなたの大好^{だいす}きな色^{いろ}は何^{なん}ですか。

B: 私^{わたし}は赤^{あか}が好^すきです。

1 牛乳^{ぎゅうにゅう}　　2 果物^{くだもの}　　3 色^{いろ}　　4 ペット

✓ BがI like red.（私^{わたし}は赤^{あか}が好^すきです。）と答^{こた}えていることから，3が適切^{てきせつ}です。

📖 WORDS&PHRASES
| □ **favorite** — 大好^{だいす}きな | □ **milk** — 牛乳^{ぎゅうにゅう} | □ **fruit** — 果物^{くだもの} | □ **color** — 色^{いろ} |

(3) アダムと私^{わたし}はよく公園^{こうえん}に行^いきます。私^{わたし}たちはそこで花^{はな}の絵^えをかきます。

1 ～を読^よむ　　2 ～を伝^{つた}える　　3 ～を言^いう　　4 ～をかく

✓ 空所^{くうしょ}の直後^{ちょくご}のpictures of flowers（花^{はな}の絵^え）が続^{つづ}く動詞^{どうし}を考^{かんが}えると，4が適切^{てきせつ}です。drawは「（鉛筆^{えんぴつ}などで線画^{せんが}）をかく」という意味^{いみ}です。

📖 WORDS&PHRASES
| □ **read** — ～を読^よむ | □ **tell** — ～を伝^{つた}える | □ **say** — ～を言^いう | □ **draw** — （絵^え）をかく |

(4) *A:* 今日^{きょう}は寒^{さむ}いですか。

B: いいえ，晴^はれていて暖^{あたた}かいです。

1 背^せが高^{たか}い　　2 若^{わか}い　　3 寒^{さむ}い　　4 新^{あたら}しい

✓ Aの質問^{しつもん}に対^{たい}して，BがNoと答^{こた}えたあとにwarm（暖^{あたた}かい）と言^いっていることから，3が適切^{てきせつ}です。

(5)　*A:* あなたは音楽が好きですか，カレン？

　　B: はい，好きです。私はバイオリンを弾きます。

　　1 帽子　　**2** カメラ　　3 バイオリン　　**4** 机

　　✏ A に Do you like music?（音楽が好きですか。）と聞かれた B が Yes と答えたあとに続ける内容であることから，音楽に関係する 3 が適切です。

(6)　*A:* あなたは何を作っているのですか。

　　B: チョコレートクッキーです。

　　1 sleep（眠る）の ing 形　　**2** play（～をする）の ing 形

　　3 run（走る）の ing 形　　4 make（～を作る）の ing 形

　　✏ B が Chocolate cookies.（チョコレートクッキーです。）と答えていることから，それに合う動詞を考えると，4 が適切です。

(7)　*A:* お水をあげましょうか，ケビン？

　　B: はい，お願いします。とてものどがかわいています。

　　1 やわらかい　　2 のどのかわいた　　**3** 親切な　　**4** 新しい

　　✏ A の Do you want ～?（～がほしいですか。）は，申し出や勧誘の意味でもよく使います。それに対して，B が Yes, please.（はい，お願いします。）と答えていることから，水をもらいたい理由となる 2 が適切です。

(8) リュウジは日本人です。彼は大阪出身です。

1 ～といっしょに　2 ～について　3 ～の下に　4 ～出身で

✎ ⟨be from＋場所⟩で「～出身である」という意味を表すので，4が適切です。

WORDS&PHRASES
□ Japanese — 日本人の　□ be from ～ — ～出身である

(9) A: ケーキはいかがですか。

B: いいえ，結構です。

1 ～を楽しむ　2 ～に感謝する　3 ～を与える　4 ～を話す

✎ No, thank you. で「いいえ，結構です。」という意味を表すので，2が適切です。

WORDS&PHRASES
□ No, thank you. — いいえ，結構です。　□ enjoy — ～を楽しむ　□ give — ～を与える

(10) A: こんにちは，グリーンさん。

B: こんにちは，サラ。中に入って座ってください。

1 座る　2 ～を助ける　3 歌う　4 聞く

✎ 直後の down とのつながりを考えると，1が適切です。sit down で「座る，着席する」という意味を表します。

WORDS&PHRASES
□ sit down — 座る　□ help — ～を助ける，～を手伝う　□ sing — 歌う　□ listen — 聞く

(11) A: あなたの弟は何歳ですか。

B: 彼は4歳です。

1 長い　2 くもった　3 ～歳の　4 多い

✎ Bが four（4歳）と答えていることから，3が適切です。old は「～歳の」という意味。How old ～?（何歳ですか。）は年齢をたずねる表現。

WORDS&PHRASES
□ How old ～? — 何歳ですか。　□ long — 長い　□ cloudy — くもった

(12) A: 午後に公園に行こう，お父さん。

B: いいよ。

1 ～の

2 (午前・午後・晩・月・年)に

3 (時刻)に

4 (曜日・日付)に

✎ in the afternoonで「午後に」という意味を表すので，2が適切です。

WORDS&PHRASES

□ Let's ～. ～しましょう。　□ park 公園　□ in the afternoon 午後に

(13) 図書館では食べないでください。

1 **are not**の短縮形

2 1つも～ない

3 **do not**の短縮形

4 ～でない

✎ 〈Don't＋動詞の原形 ～.〉で「～してはいけません。」という否定の命令文になるので，3が適切です。

WORDS&PHRASES

□ Don't ～. ～してはいけません。　□ eat 食べる　□ library 図書館

(14) サリーとパティーはよい友だちです。彼女たちはいっしょにジョギングに行きます。

1 主語がyouや複数のときのbe動詞　2 主語が3人称単数のときのbe動詞

3 be動詞の原形

4 主語がIのときのbe動詞

✎ 主語のSally and Pattyは複数なので，1が適切です。

WORDS&PHRASES

□ good よい　□ friend 友だち　□ go jogging ジョギングに行く

(15) A: このノートはあなたのものですか。

B: いいえ，それはヘレンのものです。

1 私の　2 彼女の　3 あなたのもの　4 私たちの

✎ 空所の直後に名詞がないので「～のもの」を表す3が適切です。

WORDS&PHRASES

□ my 私の　□ her 彼女の　□ yours あなたのもの　□ our 私たちの

(16) 先生: あなたの歴史の教科書はどこにあるの，ベン？
生徒: すみません。それは家にあります。

　　　1 それは家にあります。
　　　2 大丈夫です。
　　　3 ぼくは学校に行きます。
　　　4 ぼくはそれを読みます。

Where is 〜?（〜はどこにありますか。）と教科書のある場所を聞かれているので，It's at home.（それは家にあります。）と答えている1が適切です。

WORDS&PHRASES
□ Where is 〜? 〜はどこにありますか。　□ history 歴史　□ at home 家に

(17) 少女1: 私は体育館にいるあの男性を知りません。彼の名前は何ですか。
少女2: ウィリアムズさんだよ。

　　　1 元気ですか。
　　　2 彼のカメラはどこにありますか。
　　　3 彼の名前は何ですか。
　　　4 あなたはいつ遊ぶのですか。

少女2がMr. Williams.（ウィリアムズさんだよ。）と人名を答えているので，What's his name?（彼の名前は何ですか。）と聞いている3が適切です。

WORDS&PHRASES
□ know 〜を知っている　□ gym 体育館　□ How are you? 元気ですか。

(18) 父親: ブレンダ，寝る時間だよ。
少女: わかった。おやすみなさい，お父さん。

　　　1 寝る時間だよ。
　　　2 大丈夫だよ。
　　　3 これを見てください。

4 夕食に来てください。

✓ 少女がGood night (おやすみなさい)と言っていることから，寝ることをうながされたと考えられるため，it's time for bed. (寝る時間だよ。)の1が適切です。

📖 WORDS&PHRASES
□ It's time for ～. ～の時間です。　□ all right 大丈夫な　□ watch ～を見る

(19) 母親: 行ってらっしゃい。学校で楽しい一日を過ごしてきてね。
少年: 行ってきます。また今晩ね。
　　　1 それはプールにあるよ。
　　　2 どういたしまして。
　　　3 宿題があるんだ。
　　　4 また今晩ね。

✓ 母親に学校に行くのを見送られ，それに対する返答なので，See you this evening. (また今晩ね。)と答えている4が適切です。

📖 WORDS&PHRASES
□ You're welcome. どういたしまして。　□ See you. またね。

(20) 母親: どんな飲み物がほしい？
少女: オレンジジュースをお願い。
　　　1 卵を2つ。
　　　2 うん，夜にね。
　　　3 オレンジジュースをお願い。
　　　4 毎週末だよ。

✓ What drink ～? (どんな飲み物を～ですか。)と飲み物について聞かれているので，Orange juice, please. (オレンジジュースをお願いします。)と答えている3が適切です。

📖 WORDS&PHRASES
□ drink 飲み物　□ want ～がほしい　□ egg 卵　□ at night 夜に

(21) (Mr. Walker **washes** his car **on**) Saturdays.

> ✔ 主語の Mr. Walker の直後に動詞の washes を置き，そのあとに his car (彼の車)を続けます。「(毎週)～曜日に」は〈on + 曜日の複数形〉で表すことができます。

(22) (Can **you** use **the Internet**) at school?

> ✔ 「～できますか。」とたずねる疑問文は，〈Can + 主語 + 動詞の原形 ～?〉の語順に並べます。

(23) My piano lesson (is **from** four thirty **to**) five o'clock.

> ✔ 主語である My piano lesson がすでにあるので，そのあとに be 動詞の is を置きます。また，〈from A to B〉で「A から B まで」という意味になります。

(24) (Which **cap** do **you**) like?

> ✔ 「あなたはどちらの…を～しますか。」と聞きたいときは〈Which + 名詞 + do you ～?〉の形を使います。

(25) This library (has **a lot** of **interesting**) books.

> ✔ 「(場所)に～があります。」という文は，〈主語(場所) + have[has] ～.〉で表すことができます。また，a lot of ～ で「たくさんの～」という意味になります。

リスニングテスト第１部 （問題　p.059 ～ 060）

〈例題〉

🔊 "Is this your bag?"
1　Sure, I can.
2　On the chair.
3　Yes, it is.

「これはあなたのかばん？」
1　「もちろん，できるよ。」
2　「いすの上だよ。」
3　「うん，そうだよ。」

No.1

🔊 "What color do you like?"
1　Science.
2　Purple.
3　Hot dogs.

「あなたは何色が好き？」
1　「理科だよ。」
2　「紫だよ。」
3　「ホットドッグだよ。」

No.2

🔊 "Excuse me. Are you Ms. Gordon?"
1　No, I'm Sarah Taylor.

2　No, you don't.
3　I see.

「すみません。あなたはゴードンさんですか。」
1　「いいえ，私はサラ・テイラーです。」
2　「いいえ，あなたはしません。」
3　「なるほど。」

✓ Are you Ms. Gordon?（あなたはゴードンさんですか。）と聞かれたのに対して，No で答えたあとに自分の名前を言っているので，1 が適切です。

No.3

🔊 "Brush your teeth, Brian."
1　All right, Mom.
2　No, they aren't.
3　That's all.

「歯をみがきなさい，ブライアン。」
1　「わかったよ，お母さん。」
2　「ううん，彼らはちがうよ。」
3　「それで全部だよ。」

✓ Brush your teeth（歯をみがきなさい）と相手から言われているの

で，承諾する表現である 1 が適切です。

No.4

"What do you do on weekends?" | 「週末は何をするの？」

1 With my family. | 1 「家族といっしょにね。」
2 I play tennis. | 2 「テニスをするわ。」
3 I like it. | 3 「それが好きだわ。」

No.5

"Who is playing the piano?" | 「だれがピアノを弾いているの？」
1 At home. | 1 「家でだよ。」
2 Yes, he is. | 2 「うん，彼が弾いているよ。」
3 My classmate. | 3 「私の同級生だよ。」

Who is ～ing …? (だれが～していますか。)と聞かれた場合，具体的な人物を答えるので，3 が適切です。

No.6

"Do you have an eraser, Meg?" | 「消しゴム持ってる，メグ？」
1 I can't write. | 1 「私は書けないの。」
2 Sorry, I don't. | 2 「ごめんなさい，持ってない。」
3 I usually walk. | 3 「私はたいてい歩くよ。」

No.7

"How many baseball gloves do you have?" | 「あなたはいくつ野球のグローブを持ってるの？」
1 By bike. | 1 「自転車でだよ。」
2 Only one. | 2 「1つだけだよ。」
3 My favorite player. | 3 「ぼくの大好きな選手だよ。」

〈How many＋複数名詞 ～?〉(いくつの…を～ですか。)と聞かれた場合は数を答えるので，2 が適切です。

No.8

"Can you speak Japanese?" | 「あなたは日本語を話せるの？」
1 No, it's not. | 1 「ううん，それはちがうよ。」
2 It's my dictionary. | 2 「それはぼくの辞書だよ。」
3 Yes, a little. | 3 「うん，少しね。」

No.9

"When is your basketball practice?" | 「きみのバスケットボールの練習はいつあるの？」
1 At school. | 1 「学校でだよ。」
2 On Wednesday. | 2 「水曜日だよ。」
3 In my club. | 3 「私のクラブでね。」

When is ～?（～はいつですか。）と聞かれた場合，具体的な時を答えるので，2が適切です。

No.10

"Thank you for the present, Tom!" | 「プレゼントをありがとう，トム！」
1 You're welcome. | 1 「どういたしまして。」
2 At the shop. | 2 「お店でね。」
3 I'm fine. | 3 「元気だよ。」

Thank you.（ありがとう。）というお礼に対する返答なので，You're welcome.（どういたしまして。）の1が適切です。

リスニングテスト第2部

（問題 p.061）

No.11

A: Is your piano lesson at 4:30 today, Jennifer?

B: No. My lesson is at five today.

Question **What time is Jennifer's piano lesson today?**

A: 今日，きみのピアノのレッスンは4時30分からかな，ジェニファー？

B: いいえ。今日は，レッスンは5時からだよ。

質問 ジェニファーの今日のピアノのレッスンは何時からですか。

1 4時です。 　　　　　　　　　　2 4時30分です。

3 5時です。 　　　　　　　　　　4 5時30分です。

📝 ピアノのレッスンは4時30分からかと聞かれたB（ジェニファー）が，No. My lesson is at five today.（いいえ。今日は，レッスンは5時からだよ。）と答えているので，3が適切です。

No.12

A: Is Mr. Smith's birthday next week, Yuko?

B: No. It's tomorrow.

Question **When is Mr. Smith's birthday?**

A: スミスさんの誕生日は来週ですか，ユウコ？

B: いいえ。明日ですよ。

質問 スミスさんの誕生日はいつですか。

1 今日です。 　　　　　　　　　　2 明日です。

3 来週です。 　　　　　　　　　　4 来月です。

📝 Aからスミスさんの誕生日は来週かと聞かれたB（ユウコ）が，No. It's tomorrow.（いいえ。明日ですよ。）と答えているので，2が適切です。

A: Laura, are you doing your homework?

B: No, Dad. I'm writing a letter.

Question **What is Laura doing?**

A: ローラ，宿題をしているの？

B: ちがうよ，お父さん。手紙を書いているの。

質問 ローラは何をしていますか。

1 手紙を書いています。 2 友だちに電話しています。
3 本を読んでいます。 4 宿題をしています。

📝 A（父親）に宿題をしているのかと聞かれたB（ローラ）が，No, Dad. I'm writing a letter.（ちがうよ，お父さん。手紙を書いているの。）と答えているので，1 が適切です。

No.14

A: I have a new hamster. Do you have any pets?

B: Yes, Paul. I have a cat and a fish.

Question **What does Paul have?**

A: ぼくは新しいハムスターを飼っているよ。きみは何かペットを飼っているの？

B: うん，ポール。私は猫と魚を飼っているよ。

質問 ポールは何を飼っていますか。

1 ウサギです。 2 ハムスターです。
3 猫です。 4 魚です。

📝 A（ポール）がI have a new hamster.（ぼくは新しいハムスターを飼っているよ。）と言っており，BのセリフからAがポールであることがわかるので，2 が適切です。

A: I have two sisters. How about you, Jane?

B: I have one. She's three years old.

Question **How old is Jane's sister?**

A: ぼくには姉妹が2人いるんだ。きみはどう，ジェーン？

B: 私は1人いるよ。彼女は3歳なの。

質問 ジェーンの妹は何歳ですか。

1 1歳です。   2 2歳です。

3 3歳です。   4 4歳です。

「姉妹が2人いる」というAから，How about you, Jane?（きみはどう，ジェーン？）と聞かれたB（ジェーン）が「1人いる」に続けてShe's three years old.（彼女は3歳なの。）と答えているので，3が適切です。

リスニングテスト第3部　（問題 p.062 ～ 063）

No.16

1　Neil goes to work by subway every morning.
2　Neil goes to work by bike every morning.
3　Neil goes to work by car every morning.

1　ニールは毎朝，地下鉄で仕事に行きます。
2　ニールは毎朝，自転車で仕事に行きます。
3　ニールは毎朝，車で仕事に行きます。

✎　男性が電車を待っている絵なので，1が適切です。subwayは「地下鉄」という意味です。

No.17

1　Josh is in a museum.
2　Josh is in a library.
3　Josh is in a station.

1　ジョシュは美術館にいます。
2　ジョシュは図書館にいます。
3　ジョシュは駅にいます。

✎　少年のそばには彫刻，周りの壁には多くの絵が展示されているので，1が適切です。museumは「美術館，博物館」という意味です。

No.18

1　The knife is under the plate.
2　The knife is on the plate.
3　The knife is by the plate.

1　ナイフは皿の下にあります。
2　ナイフは皿の上にあります。

22年度　第1回　リスニング

053

3 ナイフは皿のそばにあります。

🖊 ナイフが皿の上に置いてある絵なので，２が適切です。plate は「皿」，under は「〜の下に」，on は「〜の上に」，by は「〜のそばに」という意味です。

No.19

🔊
1 The students have P.E. class this morning.
2 The students have art class this morning.
3 The students have math class this morning.

---

1 生徒たちは今日の午前に体育の授業があります。
2 生徒たちは今日の午前に美術の授業があります。
3 生徒たちは今日の午前に数学の授業があります。

🖊 生徒たちが絵をかいている絵なので，２が適切です。P.E. は「体育」，artは「美術」，math は「数学」という意味です。

No.20

🔊
1 The man is singing in the concert.
2 The man is watching the concert.
3 The man is going to the concert.

---

1 男性はコンサートで歌っています。
2 男性はコンサートを見ています。
3 男性はコンサートに向かっています。

🖊 タキシードを着た男性がステージで観客を前に歌っている絵なので，１が適切です。

No.21

🔊

1 The tree is 14 meters tall.

2 The tree is 40 meters tall.

3 The tree is 140 meters tall.

---

1 その木は高さ14メートルです。

2 その木は高さ40メートルです。

3 その木は高さ140メートルです。

🔳 木の高さが「40m」と示されているので，2が適切です。fourteen (14) と forty (40) の発音のちがいに注意しましょう。

No.22

🔊

1 Helen is studying in the library.

2 Helen is studying in the classroom.

3 Helen is studying in her bedroom.

---

1 ヘレンは図書館で勉強しています。

2 ヘレンは教室で勉強しています。

3 ヘレンは自分の寝室で勉強しています。

🔳 勉強している少女の後ろにベッドがあるので，3が適切です。library は「図書館」，classroom は「教室」，bedroom は「寝室」という意味です。

No.23

🔊

1 It's hot today.

2 It's rainy today.

3 It's cold today.

---

1 今日は暑いです。

2 今日は雨です。

3 今日は寒いです。

▣ ジャケットや耳あてを身に着けている男性が風の中で震えている絵なので，３が適切です。hot は「暑い」，rainy は「雨の」，cold は「寒い」という意味です。

No.24

🔊
1　It's 6:25 in the morning.
2　It's 6:35 in the morning.
3　It's 6:45 in the morning.

1　午前6時25分です。
2　午前 6 時35分です。
3　午前 6 時45分です。

▣ 時計が「6:25」を示しているので，１が適切です。twenty (20)，thirty (30)，forty (40) の発音のちがいに注意しましょう。

No.25

🔊
1　Jimmy can dance well.
2　Jimmy can swim well.
3　Jimmy can ski well.

1　ジミーは上手に踊ることができます。
2　ジミーは上手に泳ぐことができます。
3　ジミーは上手にスキーをすることができます。

▣ 男性がスキーをしている絵なので，３が適切です。dance は「踊る」，swim は「泳ぐ」，ski は「スキーをする」という意味です。

英検 **5** 級

筆記 [p.066 − p.072]

1
(1) 3	(2) 4	(3) 3	(4) 2	(5) 1
(6) 4	(7) 1	(8) 4	(9) 1	(10) 1
(11) 2	(12) 2	(13) 4	(14) 1	(15) 2

2
(16) 2	(17) 2	(18) 3	(19) 4	(20) 2

3
(21) 2	(22) 2	(23) 1	(24) 4	(25) 4

リスニング [p.073 − p.077]

第 **1** 部
[No.1] 3	[No.2] 1	[No.3] 2	[No.4] 2	[No.5] 2
[No.6] 3	[No.7] 1	[No.8] 3	[No.9] 2	[No.10] 1

第 **2** 部
[No.11] 3	[No.12] 2	[No.13] 4	[No.14] 3	[No.15] 2

第 **3** 部
[No.16] 3	[No.17] 1	[No.18] 1	[No.19] 2	[No.20] 2
[No.21] 2	[No.22] 3	[No.23] 3	[No.24] 3	[No.25] 1

(1) 私たちは今日の午後，英語と数学の2つの授業があります。

1 机　　2 友だち　　3 授業　　4 オレンジ

> ☑ 文末の English and math（英語と数学）は空所に入る単語の具体例なので，3が適切です。
>
> **⏸ WORDS&PHRASES**
> □ **this afternoon** — 今日の午後　　□ **math** — 数学

(2) 私の母はよく花屋さんでチューリップを買います。

1 （スポーツ）をする　　　　　2 〜を教える
3 〜を閉じる　　　　　　　　　4 〜を買う

> ☑ 空所の直後に tulips（チューリップ），文末に at the flower shop（花屋さんで）という語（句）があるので，4が適切です。
>
> **⏸ WORDS&PHRASES**
> □ **mother** — 母親　　□ **often** — よく，しばしば　　□ **tulip** — チューリップ

(3) A: カール，あなたは学校にバスで行きますか，それとも電車で行きますか。
B: バスです，アンダーソン先生。

1 しかし　　2 だから　　3 それとも　　4 〜もまた

> ☑ Bが By bus（バスで）と答えていることから，Aがバスと電車のどちらで学校に行くのかを質問したことがわかるので，「それとも」という意味の3が適切です。
>
> **⏸ WORDS&PHRASES**
> □ **by bus** — バスで　　□ **train** — 電車

(4) A: あなたはどんな動物が好きですか，スーザン？
B: 私は猫と犬が好きです。

1 スポーツ　　2 動物　　3 映画　　4 飲み物

> ☑ Bが cats and dogs（猫と犬）が好きだと言っていることから，Aが動

物について質問したことがわかるので，2が適切です。

□ **What ~ do you like?** — あなた(たち)はどんな~が好きですか。

(5) ヒロシはたいていテレビでバスケットボールの試合を見ます。

1 ~を見る　2 ~を話す　3 聞く　4 ~を歌う

✓ 空所の直後に basketball games (バスケットボールの試合)，文末に on TV (テレビで)という語句があるので，1が適切です。

□ **usually** — たいてい，ふつうは　□ **basketball** — バスケットボール　□ **on TV** — テレビで

(6) *A:* トム，今日ぼくの家で勉強しよう。

B: いいよ，またあとでね。

1 冬　2 時間　3 足　4 家

✓ 文の最初に let's study (勉強しよう)という語句があり，勉強する場所が空所に入ることがわかるので，4が適切です。

□ **Let's ~.** — ~しましょう。　□ **today** — 今日　□ **See you later.** — またあとでね。

(7) *A:* あなたの大好きな野球選手はだれですか。

B: スズキケンです。彼は素晴らしい！

1 素晴らしい　2 確信して　3 多くの　4 晴れた

✓ Aから大好きな野球選手を聞かれたBが，スズキケンについて説明する語としては「素晴らしい」という意味の1が適切です。

□ **your** — あなたの　□ **favorite** — 大好きな　□ **baseball player** — 野球選手

(8) *A:* ケント，私の新しいカメラを見て。

B: わあ，かわいいね。

1 ~を食べる　2 ~を料理する　3 ~がほしい　4 見る

✓ look at ~ で「~を見る」という意味なので，4が適切です。

(9)　**A:** ケリー，あなたは毎朝何時に起きるの？

　　B: 6時だよ。

　　1 目を覚ます　　2 ～を伝える　　3 ～を言う　　4 ～を知っている

　✓　wake up で「起きる，目を覚ます」という意味なので，1 が適切です。

(10)　私はたくさんのはがきを持っています。祖父からもらったものです。

　　1 ～の　　2 ～のそばに　　3 下に　　4 ～のあとに

　✓　a lot of ～ で「たくさんの～」という意味なので，1 が適切です。a lot of ～ は，数えられる名詞にも数えられない名詞にも使うことができます。

(11)　**A:** マイク，ぼくたちのサッカー部へようこそ！

　　B: ありがとう。

　　1 ～の前に　　2 ～へ，～に　　3 ～の下に　　4 ～から離れて

　✓　welcome to ～ で「～へようこそ」という意味なので，2 が適切です。相手を歓迎するときに使う表現です。

(12)　**A:** お父さん，ぼく眠いよ。

　　B: 寝る時間だよ，クリス。ぐっすりおやすみ。

　　1 行く　　2 ～を過ごす　　3 立つ　　4 ～を作る

　✓　have a good night's sleep で「ぐっすり眠る」という意味なので，2 が適切です。寝る前のあいさつとしても用いられます。

WORDS&PHRASES

□ Dad ― お父<ruby>父<rt>とう</rt></ruby>さん　　□ sleepy ― 眠<ruby><rt>ねむ</rt></ruby>い　　□ It's time for ～. ― ～の時<ruby>間<rt>じかん</rt></ruby>です。

(13)　A: お父<ruby><rt>とう</rt></ruby>さん，カレンはどこにいるの？

B: 彼女<ruby><rt>かのじょ</rt></ruby>は今<ruby><rt>いま</rt></ruby>リビングルームにいるよ。

1 何<ruby><rt>なに</rt></ruby>　　2 いつ　　3 だれ　　4 どこに

Bが She is in the living room now. (彼女<ruby><rt>かのじょ</rt></ruby>は今<ruby><rt>いま</rt></ruby>リビングルームにいる
よ。)と答<ruby><rt>こた</rt></ruby>えていることから，Aがカレンのいる場所<ruby><rt>ばしょ</rt></ruby>を質問<ruby><rt>しつもん</rt></ruby>していること
とがわかるので，4が適切<ruby><rt>てきせつ</rt></ruby>です。

WORDS&PHRASES

□ living room ― リビングルーム，居間<ruby><rt>いま</rt></ruby>　　□ now ― 今<ruby><rt>いま</rt></ruby>

(14)　スミス先生<ruby><rt>せんせい</rt></ruby>は私<ruby><rt>わたし</rt></ruby>の美術<ruby><rt>びじゅつ</rt></ruby>の先生<ruby><rt>せんせい</rt></ruby>です。彼<ruby><rt>かれ</rt></ruby>の授業<ruby><rt>じゅぎょう</rt></ruby>はとても楽<ruby><rt>たの</rt></ruby>しいです。

1 彼<ruby><rt>かれ</rt></ruby>の　　2 あなたの　　3 私<ruby><rt>わたし</rt></ruby>たちは　　4 彼女<ruby><rt>かのじょ</rt></ruby>の

空所<ruby><rt>くうしょ</rt></ruby>の直後<ruby><rt>ちょくご</rt></ruby>に lessons (授業<ruby><rt>じゅぎょう</rt></ruby>)という名詞<ruby><rt>めいし</rt></ruby>があるので，「～の」という意<ruby><rt>い</rt></ruby>
味<ruby><rt>み</rt></ruby>の所有格<ruby><rt>しょゆうかく</rt></ruby>を選<ruby><rt>えら</rt></ruby>びます。Mr. Smith は男性<ruby><rt>だんせい</rt></ruby>なので，1が適切<ruby><rt>てきせつ</rt></ruby>です。

WORDS&PHRASES

□ art ― 美術<ruby><rt>びじゅつ</rt></ruby>　　□ teacher ― 先生<ruby><rt>せんせい</rt></ruby>　　□ lesson ― 授業<ruby><rt>じゅぎょう</rt></ruby>　　□ fun ― 楽<ruby><rt>たの</rt></ruby>しいこと

(15)　A: ヒロコ，あなたは毎日<ruby><rt>まいにち</rt></ruby>テニスをしますか。

B: はい，します。

1 主語<ruby><rt>しゅご</rt></ruby>が3人称単数<ruby><rt>にんしょうたんすう</rt></ruby>の一般動詞<ruby><rt>いっぱんどうし</rt></ruby>の文<ruby><rt>ぶん</rt></ruby>に用<ruby><rt>もち</rt></ruby>いる助動詞<ruby><rt>じょどうし</rt></ruby>

2 主語<ruby><rt>しゅご</rt></ruby>が3人称単数以外<ruby><rt>にんしょうたんすういがい</rt></ruby>の一般動詞<ruby><rt>いっぱんどうし</rt></ruby>の文<ruby><rt>ぶん</rt></ruby>に用<ruby><rt>もち</rt></ruby>いる助動詞<ruby><rt>じょどうし</rt></ruby>

3 主語<ruby><rt>しゅご</rt></ruby>が you や複数<ruby><rt>ふくすう</rt></ruby>の文<ruby><rt>ぶん</rt></ruby>に用<ruby><rt>もち</rt></ruby>いる be 動詞<ruby><rt>どうし</rt></ruby>

4 主語<ruby><rt>しゅご</rt></ruby>が3人称単数<ruby><rt>にんしょうたんすう</rt></ruby>の文<ruby><rt>ぶん</rt></ruby>に用<ruby><rt>もち</rt></ruby>いる be 動詞<ruby><rt>どうし</rt></ruby>

Do you ～? (あなたは～しますか。)という疑問文<ruby><rt>ぎもんぶん</rt></ruby>に対<ruby><rt>たい</rt></ruby>しては，答<ruby><rt>こた</rt></ruby>える
ときも do を用<ruby><rt>もち</rt></ruby>いるので，2が適切<ruby><rt>てきせつ</rt></ruby>です。

WORDS&PHRASES

□ play ― (スポーツ)をする　　□ tennis ― テニス　　□ every day ― 毎日<ruby><rt>まいにち</rt></ruby>

(16) 少女: これはあなたの新しいコンピューターなの？　いいね。
少年: うん，よく使っているよ。

　　　1　おなかがすいているよ。
　　　2　よく使っているよ。
　　　3　きみは図書館にいるんだね。
　　　4　きみは上手だね。

- -

✎　少女から自分のコンピューターかと聞かれた少年がYesで答えている
ので，それに続く言葉としてはI often use it.（よく使っているよ）と
言っている2が適切です。itはmy new computerを指しています。

📖 WORDS&PHRASES
□ **new** — 新しい　　□ **computer** — コンピューター　　□ **nice** — よい，素敵な

(17) 少女: こんにちは，私はジェーンだよ。あなたは新入生？
少年: うん，そうだよ。

　　　1　さようなら。
　　　2　うん，そうだよ。
　　　3　いや，それはここにはないよ。
　　　4　ぼくはテニスをするよ。

- -

✎　Are you 〜?（あなたは〜ですか。）という質問への答えなので，I am を
用いている2が適切です。ちなみに否定する場合は，No, I'm not. と
答えます。

📖 WORDS&PHRASES
□ **hi** — こんにちは，やあ　　□ **new student** — 新入生

(18) 少年: 英語の教科書が見つからないんだ，お母さん。
母親: ポール，あなたのベッドの上にあるわよ。

　　　1　5歳。　　　　　　　　　　2　朝食前に。
　　　3　あなたのベッドの上に。　　4　とても速い。

- -

✓ 英語の教科書が見つからないと言っている息子に対して，… it's on your bed （あなたのベッドの上にあるわよ）と教科書のある場所を伝えている3が適切です。it は your English textbook を指します。

📖 WORDS&PHRASES
□ can't ─ 〜できない　　□ find ─ 〜を見つける　　□ textbook ─ 教科書

(19) 男性: きみは昼食後に何をするの？
女性: お茶を飲むよ。

1 私はそれが好きよ。　　　　　　2 私もだよ。

3 うれしいな。　　　　　　　　　4 お茶を飲むよ。

- -

✓ 昼食後は何をするかを聞かれているので，I drink tea. （お茶を飲むよ。）と答えている4が適切です。

📖 WORDS&PHRASES
□ what ─ 何　　□ after ─ 〜のあとに　　□ lunch ─ 昼食

(20) 少年: この花きれいだね。
少女: 私もそう思うわ。

1 はじめまして[あなたに会えてうれしいです]。

2 私もそう思うわ。

3 私を手伝ってください。

4 またあとでね。

- -

✓ 花がきれいだと言っている少年に対して，I think so, too. （私もそう思うわ。）と同意している2が適切です。その他の選択肢では，会話が成り立ちません。

📖 WORDS&PHRASES
□ these ─ これらの〜　　□ flower ─ 花

(21)　**(** My **dictionary** is **in) the desk.**

✓　〈主語＋is［are］＋場所を表す語句.〉で,「…は～にあります［います］。」という意味になります。「机の中に」はin the deskで表します。

(22)　**(** How **long** is **the) English lesson?**

✓　「～はどれくらいの長さですか。」は, How long ～?で表します。そのあとに続くbe動詞の疑問文は〈be動詞＋主語〉の語順になります。

(23)　**(** Kate **doesn't** like **rainy days).**

✓　一般動詞の現在形の否定文は, 〈don't［doesn't］＋動詞の原形〉で表します。Kateは3人称単数なので, doesn'tを用います。

(24)　**Does (** your sister **practice** baseball **after) school?**

✓　一般動詞の現在形の疑問文は, 〈Do［Does］＋主語＋動詞の原形 ～?〉で表します。「放課後」はafter schoolとなります。

(25)　**That (** volleyball **player** is **from) Italy.**

✓　「…は～出身です。」は, 〈主語＋is［am, are］from＋国名や地名.〉で表します。

リスニングテスト第1部

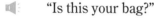

（問題　p.073 ～ 074）

〈例題〉

"Is this your bag?" | 「これはあなたのかばん？」
1 Sure, I can. | 1 「もちろん，できるよ。」
2 On the chair. | 2 「いすの上だよ。」
3 Yes, it is. | 3 「うん，そうだよ。」

No.1

"Are these pencils yours?" | 「これらの鉛筆はあなたのもの？」
1 No, I go by bus. | 1 「いいえ，バスで行きます。」
2 See you again. | 2 「また会いましょう。」
3 No, they're Kenji's. | 3 「いいえ，ケンジのです。」

No.2

"Where does your grandfather live?" | 「あなたのおじいさんはどこに住んでいるの？」
1 In New York. | 1 「ニューヨークだよ。」
2 No, he doesn't. | 2 「ううん，住んでないよ。」
3 This afternoon. | 3 「今日の午後だよ。」

Where ~?（どこに～ですか。）と聞いているので，In New York.（ニューヨークだよ。）と場所を答えている1が適切です。

No.3

"Look, this is my new bike." | 「見て，これはぼくの新しい自転車なんだ。」
1 I'm fine. | 1 「元気だよ。」
2 It's very nice. | 2 「とても素敵だね。」
3 You look great. | 3 「とても元気そうだね。」

No.4

"What are you looking at?"
1 I'm happy.
2 Pictures of cats.
3 Yes, thanks.

「何を見ているんだい？」
1 「私はうれしいの。」
2 「猫の写真だよ。」
3 「うん，ありがとう。」

What are you looking at? (何を見ているんだい？)と聞かれているので，具体的なものを答えている2が適切です。

No.5

"Dad, breakfast is ready."
1 It's her.
2 Thanks, I'm coming.
3 Yes, she is.

「お父さん，朝食の準備ができたよ。」
1 「それは彼女だよ。」
2 「ありがとう，今行くよ。」
3 「うん，彼女はそうだよ。」

No.6

"When is your history test, Brad?"
1 With my friend.
2 At school.
3 Tomorrow.

「歴史のテストはいつなの，ブラッド？」
1 「友だちとだよ。」
2 「学校でね。」
3 「明日だよ。」

When is ～? (～はいつですか。)と聞かれているので，Tomorrow. (明日だよ。)と時を答えている3が適切です。

No.7

"Is your sister a fast runner?"

1 No, she isn't.
2 Yes, I am.
3 You, too.

「きみのお姉さん［妹さん］は足が速い？」

1 「いいえ，速くないよ。」
2 「うん，私はそうだよ。」
3 「あなたもね。」

🔊 "I like your hat." | 「あなたの帽子, 好きだな。」
1 It's 12:30. | 1 「12時30分だよ。」
2 I don't know. | 2 「わからないな。」
3 Thank you very much. | 3 「どうもありがとう。」

- -

📝 相手から自分の帽子をほめられたことに対しての一言なので, お礼の表現である3が適切です。

No.9

🔊 "Does your father like fishing?" | 「あなたのお父さんは釣りが好き?」
1 It's a river. | 1 「それは川だよ。」
2 Yes, he does. | 2 「うん, 好きだよ。」
3 No, you can't. | 3 「いや, きみはできないよ。」

No.10

🔊 "I'm studying math today." | 「今日は数学の勉強をしているんだ。」
1 Me, too. | 1 「私もだよ。」
2 Yes, I do. | 2 「うん, するよ。」
3 Good, thanks. | 3 「いいね, ありがとう。」

リスニングテスト第2部

（問題　p.075）

No.11

A: Are your baseball shoes in your room, John?

B: No, Mom. They're in my locker at school.

Question **Where are John's baseball shoes?**

A: あなたの野球のシューズはあなたの部屋にあるの，ジョン？

B: ううん，お母さん。学校のロッカーにあるよ。

質問 **ジョンの野球のシューズはどこにありますか。**

1　彼の部屋です。　　　　　　　2　スポーツ店です。

3　彼のロッカーです。　　　　　4　浴室です。

▰ B（ジョン）が They're in my locker at school.（学校のロッカーにあるよ。）と言っているので，3が適切です。they は my baseball shoes を表します。

No.12

A: Is this movie two hours long, Jessica?

B: Yes, Dad. It's really funny.

Question **How long is the movie?**

A: この映画は2時間かい，ジェシカ？

B: そうだよ，お父さん。とってもおもしろいよ。

質問 **その映画はどれくらいの長さですか。**

1　1時間です。　　　　　　　　2　2時間です。

3　3時間です。　　　　　　　　4　4時間です。

▰ A が Is this movie two hours long, Jessica?（この映画〈の長さ〉は2時間かい，ジェシカ？）と聞いたのに対し，B（ジェシカ）が Yes と答えているので，2が適切です。

No.13

🔊
A: Do you play computer games after dinner, Kate?

B: No, I don't. I listen to music.

Question **What does Kate do after dinner?**

- -

A: 夕食後にコンピューターゲームをするの，ケイト？

B: ううん，しないよ。音楽を聞くよ。

質問 ケイトは夕食後に何をしますか。

1 彼女はコンピューターゲームをします。

2 彼女は雑誌を読みます。

3 彼女は宿題をします。

4 彼女は音楽を聞きます。

- -

☑ Aに「夕食後にコンピューターゲームをするの？」と聞かれたB（ケイト）が，Noと言ったあとに，I listen to music.（音楽を聞くよ。）と答えていることから，4が適切です。

No.14

🔊
A: My father is a bus driver.

B: Really? My mother is a taxi driver.

Question **Who is a taxi driver?**

- -

A: 私のお父さんはバスの運転士だよ。

B: 本当？　ぼくのお母さんはタクシーの運転士だよ。

質問 だれがタクシーの運転士ですか。

1 少女の母親です。　　　　　2 少女の父親です。

3 少年の母親です。　　　　　4 少年の父親です。

- -

☑ Bが My mother is a taxi driver.（ぼくのお母さんはタクシーの運転士だよ。）と言っているので，3が適切です。

段

A: How tall is that tower, Dad?

B: It's 360 meters tall.

> Question **How tall is the tower?**

A: あの塔はどれくらいの高さなの，お父さん？

B: 360メートルだよ。

> 質問 **塔はどれくらいの高さですか。**

1　300メートルです。　　　　　　2　360メートルです。

3　500メートルです。　　　　　　4　560メートルです。

BがIt's 360 meters tall. (360メートルだよ。)と言っているので，2が適切です。Itは that tower を指します。three hundred and sixty (360)をしっかり聞き取りましょう。

No.16

1 The baseball bat is 18 centimeters long.
2 The baseball bat is 38 centimeters long.
3 The baseball bat is 83 centimeters long.

---

1 その野球のバットは18センチメートルの長さです。
2 その野球のバットは38センチメートルの長さです。
3 その野球のバットは83センチメートルの長さです。

 バットの長さは「83cm」と示されているので，3が適切です。thirty-eight（38）のeight（8）やeighteen（18），eighty（80）の発音，アクセントのちがいに注意しましょう。

No.17

1 Susan is riding a bike.
2 Susan is buying a bike.
3 Susan is washing a bike.

---

1 スーザンは自転車に乗っています。
2 スーザンは自転車を買っています。
3 スーザンは自転車を洗っています。

少女が自転車に乗っている絵なので，1が適切です。rideは「〜に乗る」，buyは「〜を買う」，washは「〜を洗う」という意味です。

No.18

1 A ball is under the chair.
2 A bag is under the chair.
3 A bottle is under the chair.

---

1 ボールがいすの下にあります。

2 かばんがいすの下にあります。

3 びんがいすの下にあります。

📝 サッカーボールがいすの下にある絵なので、1が適切です。どれも
bから始まる単語なので聞き分けに注意しましょう。underは「〜
の下に」という意味です。場所を表す語として、in front of（〜の前
に）、on（〜の上に）、by（〜のそばに）なども覚えておきましょう。

No.19

🔊 **1** Open your textbooks to page 115.

2 Open your textbooks to page 150.

3 Open your textbooks to page 155.

----

1 教科書の115ページを開きなさい。

2 教科書の150ページを開きなさい。

3 教科書の155ページを開きなさい。

📝 絵では本のページが150となっているので、2が適切です。fifteen
（15）、fifty（50）、fifty-five（55）の発音に注意しましょう。100はone
hundredです。

No.20

🔊 **1** Mr. Hilton is a police officer.

2 Mr. Hilton is a waiter.

3 Mr. Hilton is a doctor.

----

1 ヒルトンさんは警察官です。

2 ヒルトンさんはウェイターです。

3 ヒルトンさんは医師です。

📝 男性がグラスをのせたトレーを持っている絵なので、2が適切で
す。police officerは「警察官」、waiterは「ウェイター」、doctor
は「医師」という意味です。

No.21

1 Tony is cleaning his room.

2 Tony is doing his homework.

3 Tony is washing the dishes.

----

1 トニーは自分の部屋を掃除しています。

2 トニーは宿題をしています。

3 トニーは食器を洗っています。

✓ 少年が机に向かい，ノートに何かを書いている絵なので，2が適切です。cleanは「～を掃除する」，do his homeworkは「宿題をする」という意味です。

No.22

1 Sally is looking at a penguin.

2 Sally is looking at a sheep.

3 Sally is looking at a rabbit.

----

1 サリーはペンギンを見ています。

2 サリーは羊を見ています。

3 サリーはウサギを見ています。

✓ 少女がウサギを見ている絵なので，3が適切です。penguinは「ペンギン」，sheepは「羊」，rabbitは「ウサギ」という意味です。

No.23

1 Jun eats lunch at 12:15.

2 Jun eats lunch at 12:25.

3 Jun eats lunch at 12:45.

----

1 ジュンは12時15分に昼食を食べます。

2 ジュンは12時25分に昼食を食べます。

3 ジュンは12時45分に昼食を食べます。

☑ 時計の表示が「12:45」となっているので，3が適切です。fifteen
(15)，twenty-five(25)，forty-five(45)の発音，アクセントのちが
いに注意しましょう。

No.24

🔊 **1** Emily is sitting on a chair.
2 Emily is sitting on the floor.
3 Emily is sitting on a bed.

---

1 エミリーはいすに座っています。
2 エミリーは床に座っています。
3 エミリーはベッドに座っています。

☑ 少女がベッドの上に座っている絵なので，3が適切です。floorは
「床」という意味です。

No.25

🔊 1 Linda likes science.
2 Linda likes sports.
3 Linda likes singing.

---

1 リンダは理科が好きです。
2 リンダはスポーツが好きです。
3 リンダは歌うことが好きです。

☑ 白衣を着ている少女がビーカーを持っている絵なので，1が適切で
す。scienceは「理科，科学」，sportsは「スポーツ」，singingは
「歌うこと」という意味です。

英検 **5** 級

2022年度・第3回　解答と解説

筆記 [p.080 － p.086]

1
(1) 3	(2) 1	(3) 4	(4) 1	(5) 1
(6) 2	(7) 3	(8) 1	(9) 1	(10) 3
(11) 1	(12) 4	(13) 4	(14) 1	(15) 2

2
(16) 2	(17) 2	(18) 3	(19) 4	(20) 1

3
(21) 4	(22) 4	(23) 3	(24) 3	(25) 2

リスニング [p.087 － p.091]

第 **1** 部
[No.1] 1	[No.2] 2	[No.3] 2	[No.4] 3	[No.5] 2
[No.6] 2	[No.7] 3	[No.8] 1	[No.9] 2	[No.10] 3

第 **2** 部
[No.11] 1	[No.12] 2	[No.13] 2	[No.14] 3	[No.15] 4

第 **3** 部
[No.16] 1	[No.17] 3	[No.18] 1	[No.19] 2	[No.20] 2
[No.21] 1	[No.22] 3	[No.23] 1	[No.24] 3	[No.25] 1

(1) ジルは友だちとバンドで歌います。

1 ～を置く　　2 （絵)をかく　　3 歌う　　4 ～を話す

✐ 直後の in a band (バンドで)とのつながりを考えると，3が適切です。

📖 WORDS&PHRASES
□ friend ― 友だち　　□ put ― ～を置く　　□ paint ― (絵の具で絵)をかく

(2) A: おお，あなたの絵[写真]はとても素敵ですね，リンダ。私はとても気に入りました。

B: ありがとうございます，ウィルソンさん。

1 素敵な　　2 背が高い　　3 気の毒な　　4 若い

✐ AがI like it (= your picture) very much. (私は〈それを〉とても気に入りました。)と言っていることから，絵[写真]をほめる語が入ると考えられるので，1が適切です。

📖 WORDS&PHRASES
□ picture ― 絵，写真　　□ like ― ～が好きだ，～を気に入る　　□ very much ― とても

(3) 私には妹[姉]が1人います。彼女は10歳です。

1 息子　　2 父親　　3 弟[兄]　　4 妹[姉]

✐ She is ten years old. (彼女は10歳です。)は空所に入る語の説明にあたるので，女性である4が適切です。

📖 WORDS&PHRASES
□ ～ years old ― ～歳　　□ son ― 息子　　□ father ― 父親　　□ sister ― 姉，妹

(4) A: 見て！　雪が降っているよ！

B: うん，とても寒いね。

1 snow (雪が降る)のing形　　　　2 read (～を読む)のing形
3 say (～を言う)のing形　　　　　4 tell (～を伝える)のing形

✐ Bがit's very cold (とても寒いね)と言っていることから考えると，1が適切です。

☐ look—見る　　☐ cold—寒い　　☐ snow—雪が降る　　☐ read—〜を読む

(5) A: あなたはよくレストランに行きますか。

B: はい，私はおいしい食べ物が好きです。

1 レストラン　　2 木　　3 カメラ　　4 部屋

✓ BがI like delicious food（私はおいしい食べ物が好きです）と言って
いることとのつながりを考えると，1が適切です。

WORDS&PHRASES

☐ often—よく　　☐ delicious—おいしい　　☐ food—食べ物　　☐ tree—木

(6) クロダさんは医師です。多くの人々が彼の病院に行きます。

1 パイロット　　2 医師　　3 ダンサー　　4 教師

✓ 2文目にMany people go to his（＝Mr. Kuroda's）hospital.（多く
の人々が彼の病院に行きます。）とあることから，彼は医師であると考
えられるので，2が適切です。

WORDS&PHRASES

☐ many—多くの　　☐ people—人々　　☐ hospital—病院　　☐ pilot—パイロット

(7) A: おお，きれいな花ですね。それはプレゼントですか，ジェーン？

B: はい，これはお母さんへのものです。

1 髪の毛　　2 テスト　　3 花　　4 窓

✓ AがIs that a present, Jane?（それはプレゼントですか，ジェーン？）
と聞いたのに対して，B（ジェーン）がYesと答えていることから，プ
レゼントになるものとして，3が適切です。

WORDS&PHRASES

☐ beautiful—美しい　　☐ present—プレゼント　　☐ mom—お母さん

(8) 私は毎週日曜日に学校でサッカーをします。

1 〜で　　2 〜の　　3 外に　　4 下へ

✓ at schoolで「学校で」という意味を表すので，1が適切です。

(9)　ナンシーはカリフォルニアに住んでいます。

　1 住んでいる　　2 見る　　3 〜を買う　　4 〜がほしい

✔　直後に in California（in + 場所）が続く動詞として，1 が適切です。

(10)　A: 今日の午後3時に私の家に来ることはできますか。

　　　B: ごめんなさい，行けません。

　1 〜の　　2 〜のために　　3 〜に　　4 外に

✔　空所の前後にある come と my house とのつながりを考えると，3 が適切です。

(11)　A: ジョン，たいてい何時にお風呂に入るの？

　　　B: 9時ごろだね。

　1（What time 〜?で)何時に〜？　　2 週　　3 手　　4 顔

✔　B（ジョン）が Around nine o'clock.（9時ごろだね。）と時刻を答えているので，1 が適切です。What time 〜?で「何時に〜ですか。」という意味を表します。

(12)　A: 英語は好きですか。

　　　B: はい，もちろんです。

　1 〜の中に　　2 外に
　3 〜の上に　　4（of course で)もちろん

✍️ of courseで「もちろん」という意味を表すので，4が適切です。

📖 WORDS&PHRASES

□ English — 英語　　□ of course — もちろん

(13) ブラウンさんには2人の子どもがいます。彼らの名前はニックとシンディ です。

1 彼らは　　　2 彼らのもの　　　3 彼らを[に]　　　4 彼らの

✍️ 空所の直後にnamesという名詞があることから，「〜の」を表す形(所有格)である4が適切です。所有格は後ろに名詞を伴います。

📖 WORDS&PHRASES

□ has — have (〜がいる)の3人称単数現在形　　□ children — 子どもたち

(14) A: あなたはフランス語を話しますか。

B: いいえ，話しません。でもスペイン語を話します。

1 助動詞doの否定形(主語がI，you，複数のとき)

2 助動詞doesの否定形(主語が3人称単数のとき)

3 主語が3人称単数のときのbe動詞の否定形

4 主語がyouや複数のときのbe動詞の否定形

✍️ Do you 〜?の疑問文には，doを用いて答えるので，1が適切です。

📖 WORDS&PHRASES

□ speak — 〜を話す　　□ French — フランス語　　□ Spanish — スペイン語

(15) A: この数学の問題は難しいね。

B: 山田先生に聞いてみよう。彼は私たちを助けてくれるよ。

1 私たちは　　2 私たちを[に]　　3 私たちの　　4 私たちのもの

✍️ helpのあとに代名詞を続ける場合は「〜を」の形(目的格)を用いるので，2が適切です。

📖 WORDS&PHRASES

□ math — 数学　　□ question — 問題　　□ difficult — 難しい　　□ ask — 〜にたずねる

年度 第3回 筆記

(16)　少女: じゃあね，マイク。
　　　少年: またね。

　　　1 ぼくは元気だよ。　　　2 またね。
　　　3 おはよう。　　　　　　4 ぼくもだよ。

✓ Bye.（じゃあね。）は別れるときのあいさつです。それに対する返答なので，2が適切です。

📖 WORDS&PHRASES
□ fine — 元気な　　□ See you. — またね。　　□ Good morning. — おはよう。

(17)　少女1: これは私の新しいドレスなの。
　　　少女2: きれいだね。

　　　1 私もできるよ。　　　　2 きれいだね。
　　　3 パーティーでね。　　　4 私の誕生日のために。

✓ 少女1が新しいドレスを見せている状況で，その感想を述べているので，2が適切です。ItはYour new dressを指しています。

📖 WORDS&PHRASES
□ new — 新しい　　□ dress — ドレス　　□ too — 〜も (また)　　□ party — パーティー
□ birthday — 誕生日

(18)　少女: トム，今日の放課後はいっしょに勉強できないの。
　　　少年: 大丈夫だよ。

　　　1 いっしょに行こう。　　2 7月14日だよ。
　　　3 大丈夫だよ。　　　　　4 どういたしまして。

✓ 少女からいっしょに勉強できないと言われたことに対する返答なので，3が適切です。

📖 WORDS&PHRASES
□ study — 勉強する　　□ after school — 放課後　　□ today — 今日 (は)
□ Let's 〜. — 〜しましょう。　　□ go — 行く　　□ July — 7月

母親: このスカートはどう，アン？

少女: 私はとても好きだよ。大好きな色だから。

  1 私は行けるよ。   2 私は13歳だよ。

  3 ごめんなさい。   4 私はとても好きだよ。

✍ 母親から How about this skirt ～?（このスカートはどうかしら～？）
と聞かれ，感想を求められているので，4 が適切です。

📖 **WORDS&PHRASES**

□ **How about ～?** ～はどうですか。 □ **skirt** スカート □ **favorite** 大好きな
□ **color** 色

---

(20)

少年1: きみの英語の先生はとても若いね。彼女は何歳なの，カール？

少年2: 彼女は25歳だよ。

  1 彼女は25歳だよ。

  2 彼女はダンサーだよ。

  3 彼女はそんなに背が高くないよ。

  4 彼女は今は家にいないよ。

✍ How old is she ～?（彼女は何歳なの～？）と年齢を聞いていることか
ら，She's 25.（彼女は25歳だよ。）と年齢を答えている 1 が適切です。

📖 **WORDS&PHRASES**

□ **teacher** 先生 □ **young** 若い □ **How old ～?** 何歳ですか。
□ **dancer** ダンサー □ **tall** 背が高い □ **at home** 家に

(21)　I (sleep **for** eight **hours**) every night.

　✎　英語の肯定文では，主語のあとに動詞を置きます。また，時間の長さについて「〜の間」というときは，〈for ＋時間・期間を表す語句〉の語順に並べます。

(22)　(Where **does** Cathy **play**) tennis?

　✎　「どこで〜しますか。」という一般動詞の疑問文は，〈Where do［does］＋主語＋動詞の原形 〜?〉の語順に並べます。

(23)　(Is **your** mother's **name**) Hiroko?

　✎　be動詞の疑問文は〈be動詞＋主語 〜?〉の語順になります。そのため，be動詞isを文頭に置き，そのあとに主語のyour mother's name（あなたのお母さんの名前）を続けます。

(24)　James, (how **do** you **study**) English?

　✎　「どうやって〜しますか。」という一般動詞の疑問文は，〈How do［does］＋主語＋動詞の原形 〜?〉の語順に並べます。

(25)　Junko, (are **you** in the cooking club)?

　✎　(23)と同様，be動詞の疑問文なので，〈be動詞＋主語 〜?〉の語順に並べます。in the cooking clubで，「料理クラブに入って」という意味になります。

リスニングテスト第1部 （問題　p.087 〜 088）

〈例題〉

🔊 "Is this your bag?"

1 Sure, I can.
2 On the chair.
3　Yes, it is.

「これはあなたのかばん？」

1 「もちろん，できるよ。」
2 「いすの上だよ。」
3 「うん，そうだよ。」

No.1

🔊 "Where are my glasses?"

1　On the table.
2 They're brown.
3 Good idea.

「私の眼鏡はどこにあるかな？」

1 「テーブルの上だよ。」
2 「それらは茶色だよ。」
3 「いい考えだね。」

No.2

🔊 "How many comic books do
you have at home?"

1 They're great.
2　I have 13.
3 Yes, I do.

「家に何冊まんが本を持っている
の？」

1 「それらは素晴しいよ。」
2 「13冊持っているよ。」
3 「うん，持っているよ。」

✓ 〈How many ＋複数名詞 〜?〉（いくつの…を〜ですか。）と聞かれた
場合，数を答えるので，２が適切です。

No.3

🔊 "See you after school."

1 Right now.
2　OK, Dad.
3 In my classroom.

「また放課後にね。」

1 「今すぐにだよ。」
2 「わかったよ，お父さん。」
3 「教室にだよ。」

✓ 学校に出かけるときに，父親から見送りの言葉をかけられ，それに
対して返答している場面なので，２が適切です。

22
年度

第
3
回

リスニング

083

No.4

🔊
"Do you often go to the library?"

1 No, it's my book.

2 It's under the TV.

3 Yes, every Sunday.

「きみはよく図書館に行くの？」

1 「いいえ，それは私の本だよ。」

2 「それはテレビの下にあるよ。」

3 「うん，毎週日曜日にね。」

No.5

🔊
"When do you do your homework?"

1 I'm home.

2 After dinner.

3 Nice to meet you.

「きみはいつ宿題をするの？」

1 「ただいま。」

2 「夕食後だよ。」

3 「はじめまして。」

📝 When ～?（いつ～しますか。）と聞かれているので，After dinner.（夕食後だよ。）と時を答えている２が適切です。

No.6

🔊
"Whose phone is that?"

1 I'm here.

2 It's mine.

3 That's the sofa.

「それはだれの電話かしら？」

1 「ぼくはここにいるよ。」

2 「それはぼくのだよ。」

3 「それはソファーだよ。」

📝 〈Whose＋名詞 ～?〉（～はだれの…ですか。）と聞かれているので，It's mine.（それはぼくのだよ。）と持ち主を答えている２が適切です。

No.7

🔊
"Do you walk to school every morning?"

1 No, I'm a student.

2 No, it's at home.

3 No, I ride my bike.

「きみは毎朝学校に歩いていくの？」

1 「ううん，私は生徒だよ。」

2 「ううん，それは家にあるよ。」

3 「ううん，自転車に乗っていくよ。」

"When do you play the guitar?"

1 On Saturday mornings.
2 On the radio.
3 For an hour.

「きみはいつギターを<ruby>弾<rt>ひ</rt></ruby>くの？」

1 「<ruby>毎週土曜日<rt>まいしゅうどようび</rt></ruby>の<ruby>朝<rt>あさ</rt></ruby>だよ。」
2 「ラジオでね。」
3 「1<ruby>時間<rt>じかん</rt></ruby>だよ。」

"Are your brothers tall?"

1 Yes, we can.
2 Yes, they are.
3 Yes, it is.

「あなたの<ruby>兄弟<rt>きょうだい</rt></ruby>は<ruby>背<rt>せ</rt></ruby>が<ruby>高<rt>たか</rt></ruby>いの？」

1 「うん，ぼくたちはできるよ。」
2 「うん，<ruby>彼<rt>かれ</rt></ruby>らは<ruby>背<rt>せ</rt></ruby>が<ruby>高<rt>たか</rt></ruby>いよ。」
3 「うん，それは<ruby>背<rt>せ</rt></ruby>が<ruby>高<rt>たか</rt></ruby>いよ。」

 Are your brothers tall?（あなたの<ruby>兄弟<rt>きょうだい</rt></ruby>は<ruby>背<rt>せ</rt></ruby>が<ruby>高<rt>たか</rt></ruby>いの？）という<ruby>質問<rt>しつもん</rt></ruby>に<ruby>対<rt>たい</rt></ruby>しては，your brothers を<ruby>代名詞<rt>だいめいし</rt></ruby>they にして<ruby>答<rt>こた</rt></ruby>えるので，2 が<ruby>適切<rt>てきせつ</rt></ruby>です。

"Does Aunt Cathy have a dog?"

1 No, she's your teacher.

2 It's a big pet shop.

3 No, she doesn't.

「キャシーおばさんは<ruby>犬<rt>いぬ</rt></ruby>を<ruby>飼<rt>か</rt></ruby>っているの？」

1 「いいえ，<ruby>彼女<rt>かのじょ</rt></ruby>はあなたの<ruby>先生<rt>せんせい</rt></ruby>だよ。」

2 「それは<ruby>大<rt>おお</rt></ruby>きなペットショップだよ。」

3 「いいえ，<ruby>飼<rt>か</rt></ruby>っていないよ。」

リスニングテスト第2部

（問題　p.089）

No.11

A: Are you drinking milk, Dad?

B: No, I'm having some tea.

Question **What is the girl's father drinking?**

A: 牛乳を飲んでいるの，お父さん？

B: いや，紅茶を飲んでいるよ。

質問 **少女の父親は何を飲んでいますか。**

1　紅茶です。　　　　　　　　2　ジュースです。

3　牛乳です。　　　　　　　　4　コーヒーです。

🖊 牛乳を飲んでいるのかと娘に聞かれたB（父親）が，No, I'm having some tea.（いや，紅茶を飲んでいるよ。）と答えているので，1が適切です。

No.12

A: Is this coat 40 dollars?

B: No, it's 35 dollars.

Question **How much is the coat?**

A: このコートは40ドルですか。

B: いいえ，35ドルです。

質問 **コートはいくらですか。**

1　30ドルです。　　　　　　　2　35ドルです。

3　40ドルです。　　　　　　　4　45ドルです。

🖊 Aからコートの値段が40ドルかと聞かれたBが，No, it's 35 dollars.（いいえ，35ドルです。）と答えているので，2が適切です。

No.13

🔊 *A:* Nancy. Does your brother often go skating?

B: Yes, he does, Steve. He can skate really well.

Question **Who is a good skater?**

A: ナンシー。きみのお兄さん[弟]はよくスケートに行くの？

B: うん，そうよ，スティーブ。彼はとても上手にスケートをすべることができるよ。

質問 **スケートが上手なのはだれですか。**

1 ナンシーです。　　　　　　2 ナンシーの兄[弟]です。

3 スティーブです。　　　　　4 スティーブの兄[弟]です。

✅ A（スティーブ）から兄[弟]がよくスケートに行くのかと聞かれたB（ナンシー）は，Yesと答えたあとにHe can skate really well.（彼はとても上手にスケートをすべることができるよ。）と答えているので，2が適切です。

No.14

🔊 *A:* I can't find my red pen. It's not in my pencil case.

B: It's under your chair.

Question **Where is the girl's red pen?**

A: 私の赤ペンが見つからないの。筆箱に入っていないのよ。

B: きみのいすの下にあるよ。

質問 **少女の赤ペンはどこにありますか。**

1 彼女の筆箱の中です。　　　　2 彼女のかばんの中です。

3 彼女のいすの下です。　　　　4 彼女の教科書の下です。

✅ A（少女）から自分の赤ペンが見つからないと言われたBが，It's（＝Your red pen is）under your chair.（きみのいすの下にあるよ。）と言っているので，3が適切です。

22
年
度

第
3
回

リスニング

A: Do you like singing, Sally?

B: No, but I often play the piano.

Question **What does Sally often do?**

A: きみは歌うのが好き，サリー？

B: いいえ，でもよくピアノを弾くよ。

質問 **サリーはよく何をしますか。**

1 彼女は音楽を聞きます。　　　　2 彼女は絵をかきます。

3 彼女は少年と歌います。　　　　4 彼女はピアノを弾きます。

歌うことが好きかと聞かれたB（サリー）が，Noと答えたあとに，I often play the piano（よくピアノを弾くよ）と言っているので，4 が適切です。

リスニングテスト第3部

（問題　p.090 〜 091）

No.16

1　Junko is sitting in a plane.

2　Junko is sitting in a car.

3　Junko is sitting in a bus.

1　ジュンコは飛行機の中で座っています。

2　ジュンコは車の中で座っています。

3　ジュンコはバスの中で座っています。

女性が機内から窓の外を見ている絵なので，1が適切です。plane は「飛行機」，car は「車」，bus は「バス」という意味です。

No.17

1　The bridge is ninety-two meters long.

2　The bridge is nine hundred meters long.

3　The bridge is nine hundred and twenty meters long.

1　橋は92メートルの長さです。

2　橋は900メートルの長さです。

3　橋は920メートルの長さです。

橋の全長は920mとなっているので，3が適切です。ninety（90）や nine hundred（900）などの数の言い方をしっかり覚えましょう。

No.18

1　Peter's family is eating breakfast.

2　Peter's family is eating lunch.

3　Peter's family is eating dinner.

1　ピーターの家族は朝食を食べています。

2　ピーターの家族は昼食を食べています。

3 ピーターの家族は夕食を食べています。

 窓から太陽の光が差し込み，時計が「7:15AM」と示している絵なので，１が適切です。breakfastは「朝食」，lunchは「昼食」，dinnerは「夕食」という意味です。

1 A bird is on Taro's hand.
2 A bird is on Taro's foot.
3 A bird is on Taro's head.

- -

1 鳥がタロウの手にとまっています。
2 鳥がタロウの足にとまっています。
3 鳥がタロウの頭にとまっています。

- -

 少年の足に鳥がとまっている絵なので，２が適切です。handは「手」，footは「足」，headは「頭」という意味です。

1 It's 6:05.
2 It's 6:15.
3 It's 6:50.

- -

1 6時5分です。
2 6時15分です。
3 6時50分です。

- -

腕時計が「6:15」を示している絵なので，２が適切です。five (5)やfifteen (15)，fifty (50)などの数の言い方をしっかり覚えましょう。とくに，fifteenとfiftyの発音・アクセントのちがいに注意します。

1 Mike is buying a sandwich.

2 Mike is eating a sandwich.

3 Mike is making a sandwich.

1 マイクはサンドイッチを買っています。

2 マイクはサンドイッチを食べています。

3 マイクはサンドイッチを作っています。

少年が店員にお札を差し出している絵なので，1 が適切です。buy は「～を買う」，eat は「～を食べる」，make は「～を作る」という意味です。

1 The children are at a restaurant.

2 The children are at a library.

3 The children are at a zoo.

1 子どもたちはレストランにいます。

2 子どもたちは図書館にいます。

3 子どもたちは動物園にいます。

子どもたちがキリンを見ていて，その奥に象も描かれている絵なので，3 が適切です。restaurant は「レストラン」，library は「図書館」，zoo は「動物園」という意味です。

1 Alice is a nurse.

2 Alice is a teacher.

3 Alice is a pilot.

1 アリスは看護師です。

2 アリスは教師です。

3 アリスはパイロットです。

- -

☑ 女性が首から聴診器をかけており，奥にはけがをした男性がいる絵なので，1が適切です。nurseは「看護師」という意味です。

🔊
1 Vicky is using a camera.
2 Vicky is using a dictionary.
3 Vicky is using a brush.

- -

1 ヴィッキーはカメラを使っています。
2 ヴィッキーは辞書を使っています。
3 ヴィッキーはブラシを使っています。

- -

☑ 女性がブラシで髪をとかしている絵なので，3が適切です。camera は「カメラ」，dictionaryは「辞書」，brushは「ブラシ」という意味です。

🔊
1 Mark goes to tennis practice by train.
2 Mark goes to tennis practice by bike.
3 Mark goes to tennis practice by car.

- -

1 マークは電車でテニスの練習に行きます。
2 マークは自転車でテニスの練習に行きます。
3 マークは車でテニスの練習に行きます。

- -

☑ ラケットが入ったバッグを持っている少年が駅のホームで電車を待っている絵なので，1が適切です。practiceは「練習」，trainは「電車」，bikeは「自転車」という意味です。

英検 5 級

筆記 [p.094 - p.100]

1
(1) 2	(2) 2	(3) 3	(4) 4	(5) 1
(6) 4	(7) 3	(8) 4	(9) 1	(10) 1
(11) 3	(12) 4	(13) 1	(14) 1	(15) 4

2
(16) 1	(17) 2	(18) 4	(19) 1	(20) 4

3
(21) 4	(22) 1	(23) 2	(24) 4	(25) 3

リスニング [p.101 - p.105]

第1部
[No.1] 2	[No.2] 2	[No.3] 3	[No.4] 2	[No.5] 1
[No.6] 1	[No.7] 1	[No.8] 2	[No.9] 3	[No.10] 3

第2部
[No.11] 3	[No.12] 2	[No.13] 4	[No.14] 1	[No.15] 2

第3部
[No.16] 1	[No.17] 3	[No.18] 3	[No.19] 1	[No.20] 3
[No.21] 2	[No.22] 2	[No.23] 3	[No.24] 1	[No.25] 1

合格力診断チャートに得点を記入しよう!

下のチャートに合格力チェックテストの得点を記入しましょう。チャートの中心からめもりを数えて正解数のところに印をつけ, 線で結びます。得点が低かった分野については, 下の「分野別弱点克服の方法」を参考に学習を進めましょう!

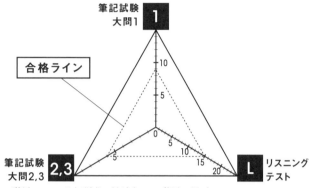

筆記試験
大問1

1

合格ライン

10

5

0 5 10

筆記試験
大問2,3 **2,3** 5 15 20 **L** リスニング
テスト

※合格ラインは弊社独自の参考値です。合格を保証するものではありません。

分野別弱点克服の方法

自分の弱点に集中して取り組み, 効率的に合格に必要な対策をしましょう。

1 筆記試験 大問1

語い力の強化が得点アップの鍵になりそうです。英検用の単語集などを活用し, 語いを増やしましょう。英検では単語を英訳させる問題は出ないので, 単語の意味がわかればOKです。単語集で, 意味をかくして単語の意味を言ってみる練習をするのがおすすめです。

2,3 筆記試験 大問2,3

会話で使われる決まった表現をおさえることが得点アップの鍵になりそうです。過去問などを解くほか, 英検用の単語・熟語集などに掲載されている会話表現を何も見ずに言えるようになるくらいしっかり覚えておくのがおすすめです。

L リスニングテスト

リスニング力強化には, 音声教材の活用が不可欠です。過去問などの音声教材で, 例文や会話表現を聞きましょう。その際, 数・時間・場所・人物などのキーワードをしっかり聞き取ることが重要です。

1

（問題　p.094 ～ 096）

1 歌　　2 スポーツ　　3 食べ物　　4 教科

> My favorite ～ で「私の大好きな～」という意味です。is のあとに baseball が続いているので，2の sport が適切です。

WORDS&PHRASES
□ **favorite**──お気に入りの，大好きな　　□ **baseball**──野球　　□ **subject**──科目，教科

(2) 7月は1年で7番目の月です。
1 6月　　2 7月　　3 8月　　4 9月

> 1年で7番目の月は7月なので，2の July が適切です。

WORDS&PHRASES
□ **month**──(暦の)月　　□ **year**──年　　□ **August**──8月　　□ **September**──9月

(3) 今日の授業を始めましょう，みなさん。教科書の34ページを開いてください。
1 単語　　2 1時間　　3 ページ　　4 運動場

> page 34，page 5のように，数字より page が先にくることを覚えておきましょう。

WORDS&PHRASES
□ **class**──授業　　□ **textbook**──教科書　　□ **word**──単語　　□ **ground**──運動場

(4) A: きみのお兄さん[弟さん]はバスケットボールが好きなの？
B: ええ。彼はよくインターネットでバスケットボールの試合を見ているよ。
1 ～を歌う　　2 泳ぐ　　3 ～を飲む　　4 ～を見る

> watch games で「試合を見る」という意味なので，4の watches が適切です。ほかの選択肢は「バスケットボールの試合」と合いません。

WORDS&PHRASES
□ **often**──よく，しばしば　　□ **on the internet**──インターネットで

このテーブルは小さすぎます。私は大きいものが必要なのです。

1 小さい　　2 高い　　3 長い　　4 すまなく思って

✎ I need a big one. がポイントです。This table が小さすぎるから「大きなものが必要」と言っているので，1の small が適切です。

📖 WORDS&PHRASES

□ too ～　～すぎる　□ need　～を必要とする　□ sorry　すまなく思って

---

(6)　A: 音楽の授業では何をするの？

B: クラスメートたちと歌を歌うよ。

1 理科　　2 スポーツ　　3 歴史　　4 音楽

✎ Bが I sing some songs と答えているので，4の music が適切です。

📖 WORDS&PHRASES

□ classmate　クラスメート　□ science　理科，科学　□ history　歴史

---

(7)　A: あなたの犬は小さくてかわいいね，ブラッド。

B: ありがとう，エミリー。彼は今，生後6か月なんだ。

1 大きい　　2 熱い　　3 かわいい　　4 すっぱい

✎ Thanks という返答から飼い犬をほめられていると推測できます。したがって，「かわいい」という意味の3の cute が当てはまります。

📖 WORDS&PHRASES

□ small　小さい　□ month　(暦の)月　□ hot　熱い　□ sour　すっぱい

---

(8)　A: 寒すぎるね，アン。窓を閉めて。

B: わかったよ，お父さん。

1 ～を持っている　　2 ～を手伝う　　3 ～を置く　　4 ～を閉める

✎ 最初の文で，too cold（寒すぎる）と言っているので，窓を「閉める」という意味の4の close が適切です。

📖 WORDS&PHRASES

□ window　窓　□ have　～を持っている　□ put　～を置く

(9) 私はいつも朝食の前にカップ1杯のホットミルクを飲みます。

1 カップ　　2 いす　　3 口　　4 本

✔ 空所のあとのhot milkがポイント。a cup of ～ で「カップ1杯の～」という意味なので，1が適切です。

WORDS&PHRASES

□ always いつも　　□ breakfast 朝食　　□ chair いす　　□ mouth 口

(10) 私は毎週末テレビでサッカーの試合を見ます。

1 ～で　　2 ～の中で　　3 ～へ　　4 ～から

✔ watch ～ on TV で「テレビで～を見る」という意味なので，1が適切です。

WORDS&PHRASES

□ weekend 週末　　□ in ～の中で　　□ to ～へ　　□ from ～から

(11) A: ルーカスはどこにいますか。
B: 彼は今，学校でサッカーを練習しています。

1 ～を練習する　　　　2 practiceの3人称単数現在形
3 practiceのing形　　　　4 to + practiceの原形

✔ Bの発言でHe's(He isを短くした形)を使っていることから，3が適切です。He is practicing ～ で「彼は～を練習しています」という意味を表しています。

WORDS&PHRASES

□ Where is ～? ～はどこですか。　　□ practice ～を練習する

(12) 私の犬の名前はレックスとダニーです。彼らは大きくてかっこいいです。

1 それは　　2 彼は　　3 私たちは　　4 彼らは

✔ big and coolなのは，2匹の犬(Rex and Danny)なので，「彼らは」という意味の4のThey が適切です。

(13) 私はスミス先生を知っています。彼女は英語を教えています。

1 彼女は   **2 私は**   3 彼らは   4 あなたは

✏️ 英語を教えているのはMs. Smithなので，「彼女は」という意味の1のSheが適切です。Ms.は「〜さん，〜先生」という意味で，女性の姓や〈名＋姓〉の前につけます。

(14) *A:* そのコンピューターに触らないで，ニック。

B: ごめんなさい，お父さん。

1 **do not**の短縮形   2 **is not**の短縮形
3 **are not**の短縮形   4 **does not**の短縮形

✏️ Don't 〜.は「〜しないで。」「〜してはいけません。」のように，相手に何かを禁止する表現なので，1が適切です。

(15) *A:* これはだれのCDなの？　私はこの歌手が好きなの。

B: 私のだよ。私も彼女が好きなの。

1 何の   2 だれ   3 どのように   4 だれの

✏️ BがIt's mine.(私のだよ。)と答えているので，空所には「だれの」という意味を表す4のWhoseが適切です。

(16) 少年: おいしいケーキをありがとう，お母さん。
　　　母親: どういたしまして，アレックス。

　　　　　1 どういたしまして，
　　　　　2 いいえ，結構です，
　　　　　3 はい，どうぞ，
　　　　　4 よくやったわ，

✍ Thank you for ～.で，「～をありがとう。」という意味です。お礼を言われたときの返事なので，「どういたしまして」という意味の1の You're welcome, が適切です。

📖 WORDS&PHRASES

□ delicious — おいしい　　□ cake — ケーキ

---

(17) 男性: すみません。バス停はどこですか。
　　　女性: すみません。わかりません。

　　　　　1 いい考えですね。
　　　　　2 すみません。
　　　　　3 私もです。
　　　　　4 それは私のです。

✍ バス停の場所をたずねられ，「わかりません。」と答えているので，「ごめんなさい。」「すみません。」という意味の2の I'm sorry. が適切です。

📖 WORDS&PHRASES

□ Excuse me. — すみません。　　□ bus stop — バス停

---

(18) 先生: あなたは夕食のあとに何をしますか，ルーカス？
　　　生徒: ぼくは本を読みます。

　　　　　1 8時です。
　　　　　2 ぼくはここです。
　　　　　3 それはぼくの大好きな食べ物です。
　　　　　4 ぼくは本を読みます。

☑ 夕食のあとにすることを聞いているので，I read a book.（ぼくは本を読みます。）と答えている4が適切です。

📖 WORDS&PHRASES
□ ～ o'clock — ～時ちょうど　□ here — ここに［で］
□ favorite — 大好きな，お気に入りの

(19) 少女:私のスカートはどこ？
母親:あそこだよ。

　　1 あそこだよ。

　　2 ええ，あなたはできるよ。

　　3 それ，とてもかわいいね。

　　4 これは新品だよ。

☑ 少女はスカートを探しているので，over there（向こうに，あちらに）と答えている1が適切です。Whereは「どこに」という意味で場所をたずねるときに使う語です。

📖 WORDS&PHRASES
□ over there — 向こうに，あちらに

(20) 男性:あなたは音楽が好きですか。
女性:ええ，とても。私はギターを弾くんです。

　　1 それはあなたのためのものです。

　　2 それで全部です。

　　3 それはCDショップです。

　　4 私はギターを弾くんです。

☑ 女性は，音楽が好きかどうかをたずねられて，Yes, very much.（ええ，とても。）と答えているので，さらに「ギターを弾く」という情報を付け加えている4が適切です。

📖 WORDS&PHRASES
□ music — 音楽　□ play — （楽器）を演奏する

(21)　**(Sarah is from Sydney).**

　　✓　Sarah is from ～.で,「サラは～出身です。」という意味です。

(22)　**(Nice to meet you), Mr. Green.**

　　✓　「お会いできてうれしいです。」という初対面のあいさつは, Nice to meet you.と言います。

(23)　**(My sister is cleaning her room) now.**

　　✓　「今, 掃除しています[掃除している最中です]」と言いたいので, is cleaningを使います。掃除をしている場所(her room)はcleaningのあとに続けます。

(24)　**(How much is this bike)?**

　　✓　「～はいくらですか。」と値段をたずねるときは, How much is ～? と言います。

(25)　**(I cook dinner every) day.**

　　✓　「(食事など)を作る, 料理する」はcookです。cook dinner で「夕食を作る」, また, cook soupで「スープを作る」という意味になります。

〈例題〉

"Is this your bag?"
1　Sure, I can.
2　On the chair.
3　Yes, it is.

「これはあなたのかばん？」
1「もちろん，できるよ。」
2「いすの上だよ。」
3「うん，そうだよ。」

No.1

"How's the weather in your city?"
1　By bus.
2　It's snowy.
3　I'm fine.

「あなたの街の天気はどうですか。」
1「バスでです。」
2「雪です。」
3「私は元気です。」

天気をたずねているので，It's snowy. と答えている2が適切です。

No.2

"What time is it?"
1　Ice cream, please.
2　It's 10:30.
3　It's my watch.

「何時ですか。」
1「アイスクリームをください。」
2「10 時 30 分です。」
3「それは私の時計です。」

What time is it? を使って時刻をたずねているので，2が適切です。

No.3

"Is this red phone yours?"
1　Yes, a little.
2　It's here.
3　Yeah, it's mine.

「この赤い電話はきみの？」
1「ええ，少し。」
2「ここにあります。」
3「ええ，私のです。」

yours を使って，電話が相手のものかどうかをたずねているので，mine を使って「私のもの」と答えている3が適切です。

No.4

"What are you doing, Jessica?"
1 Coffee, please.
2 I'm doing my homework.
3 I'm here.

「何をしているの，ジェシカ？」
1 「コーヒーをお願いします。」
2 「宿題をしているの。」
3 「私はここにいます。」

 今していることをたずねているので，I'm doing ～ と答えている
2 が適切です。

No.5

"Do you have a dictionary, Cathy?"
1 Sorry, I don't.
2 All right.
3 I like English.

「きみは辞書を持ってる，キャシー？」
1 「ごめんなさい，持っていないの。」
2 「わかった。」
3 「私は英語が好きだよ。」

 1 は，I don't have a dictionary.（私は辞書を持っていません。）を
省略して I don't. と言っています。

No.6

"Can I see your pictures, Yuko?"
1 Sure. Here you are.
2 Yes, we can.
3 Good. Thanks.

「きみの写真を見てもいいかな，ユウコ？」
1 「もちろん。はい，どうぞ。」
2 「ええ，私たちはできるよ。」
3 「いいね。ありがとう。」

 Can I ～? は「～してもいいですか。」とたずねる表現です。Here
you are. は「はい，どうぞ。」と手渡すときに使う表現です。

No.7

"Look at those boys."
1 Oh, they're my classmates.

「あの少年たちを見て。」
1 「ああ，彼らは私のクラスメートだよ。」

2 It's over there. | 2「それはあっちだよ。」
3 Yes, they are. | 3「うん，彼_{かれ}らはそうだよ。」

 Look at ～. で「～を見_みて。」「～に注目_{ちゅうもく}して。」という意味_{いみ}です。

No.8

"Is this a museum?" | 「これは博物館_{はくぶつかん}なの？」
1 No, it doesn't. | 1「いいえ，それはしないよ。」
2 No, it's a library. | 2「いいえ，それは図書館_{としょかん}だよ。」
3 No. It's sunny. | 3「いいえ。晴_はれているよ。」

 Is this ～? は「これは～ですか。」と聞_きくときの言_いい方_{かた}です。**1**は doesn't が Is this ～? の疑問文_{ぎもんぶん}に合_あいません。

No.9

"This is my dog, Max." | 「これがぼくの犬_{いぬ}のマックスだよ。」
1 I'm fine. | 1「私_{わたし}は元気_{げんき}だよ。」
2 Me, too. | 2「私_{わたし}もだよ。」
3 He's big. | 3「彼_{かれ}は大_{おお}きいね。」

 This is ～. を使_{つか}って飼_かい犬_{いぬ}を紹介_{しょうかい}しているので，「大_{おお}きいね。」と犬_{いぬ}を見_みた感想_{かんそう}を伝_{つた}えている**3**が適切_{てきせつ}です。

No.10

"How many guitars do you have?" | 「あなたはギターをいくつ持_もっているの？」
1 I like this song. | 1「ぼくはこの歌_{うた}が好_すきなんだ。」
2 It's mine. | 2「それはぼくのだよ。」
3 I have three. | 3「3本_{ほん}持_もっているよ。」

 質問_{しつもん}の最初_{さいしょ}にある How many ～? がポイント。「いくつ～？」と数_{かず}をたずねる表現_{ひょうげん}なので，持_もっているギターの数_{かず}を I have three. と答_{こた}えている**3**が適切_{てきせつ}です。

リスニングテスト第2部

（問題　p.093）

No.11

A: How much is this shirt?

B: It's 38 dollars.

Question **How much is the shirt?**

A: このシャツはいくらですか。

B: 38ドルです。

質問 **シャツはいくらですか。**

1　8ドルです。

2　13ドルです。

3　38ドルです。

4　83ドルです。

シャツの値段の聞き取りがポイント。店員と思われるBが thirty-eight dollars と言っているので，3が適切です。

No.12

A: What do you do on Sundays, Kate?

B: I have piano lessons at home.

Question **What does Kate do every Sunday?**

A: 毎週日曜日に，きみは何をするの，ケイト？

B: 私は家でピアノのレッスンを受けているよ。

質問 **ケイトは毎週日曜日に何をしますか。**

1　彼女はバスケットボールをします。

2　彼女はピアノを弾きます。

3　彼女は学校に行きます。

4　彼女は図書館に行きます。

B（ケイト）が言っている I have piano lessons を She plays the piano. と言いかえている 2が適切です。every Sunday も on

合格力チェックテスト　リスニング

Sundays も，どちらも「毎週日曜日」という意味です。

No.13

🔊 *A:* Carol. Does your sister sing well?

B: Yes, she does, Danny. She can sing really well.

Question **Who is a good singer?**

A: キャロル。きみのお姉さん［妹さん］は上手に歌うの？

B: うん，そうだよ，ダニー。彼女は本当に上手に歌えるよ。

質問 **だれが上手な歌い手ですか。**

1 ダニーです。

2 ダニーの姉［妹］です。

3 キャロルです。

4 キャロルの姉［妹］です。

 だれについて話しているかという点が大事です。B（キャロル）は，自分のお姉さん［妹さん］さんについて，「上手に歌いますか」と聞かれてYesと答えているので，4が適切です。

No.14

🔊 *A:* Hello, this is Brad. Can I speak to Clair, please?

B: Sorry, she's sleeping now. She is sick.

Question **Where is Clair now?**

A: もしもし，こちらはブラッドです。クレアさんはいらっしゃいますか。

B: ごめんなさい，彼女は今，寝ているの。彼女は具合が悪いのよ。

質問 **クレアは今どこにいますか。**

1 ベッドの中です。

2 キッチンです。

3 リビングルームです。

4 浴室です。

▰ クレアについては，Bが she's sleeping と言っているので， 1が
適切です。

No.15

🔊
A: Do you like movies, Greg?
B: Yes, I watch some movies every weekend.

Question **When does Greg watch movies?**

- -

A: あなたは映画が好きなの，グレッグ？
B: うん，ぼくは毎週末いくつか映画を見るんだ。

質問 グレッグはいつ映画を見ますか。
1 毎日です。
2 毎週末にです。
3 毎週木曜日にです。
4 毎週金曜日にです。

- -

▰ B（グレッグ）は I watch some movies every weekend と言って
います。この every weekend を On weekends. と言いかえてい
る2が適切です。every ～と on ～s の言いかえ表現には注意しま
しょう。

No.16

1 Miyu is painting a picture.
2 Miyu is reading a magazine.
3 Miyu is watching TV.

---

1 ミユは絵をかいています。
2 ミユは雑誌を読んでいます。
3 ミユはテレビを見ています。

 女の子は大きな紙に絵をかいているので，1が適切です。

No.17

1 The dress is one hundred and nineteen dollars.
2 The dress is one hundred and ninety dollars.
3 The dress is one hundred and ninety-nine dollars.

---

1 ドレスは119ドルです。
2 ドレスは190ドルです。
3 ドレスは199ドルです。

 数の聞き取りがポイントです。絵にかかれているドレスの値段は「$199」なので，3が適切です。

No.18

1 The camera is under the desk.
2 The camera is by the desk.
3 The camera is on the desk.

---

1 カメラは机の下にあります。
2 カメラは机のそばにあります。
3 カメラは机の上にあります。

　　位置を表す語の聞き取りがポイントです。絵では，カメラは机の上に置かれているので，on を使っている３が適切です。

No.19

1　Susan brushes her teeth at 9 o'clock.
2　Susan goes to bed at 9 o'clock.
3　Susan has dinner at 9 o'clock.

1　スーザンは９時に歯をみがきます。
2　スーザンは９時に寝ます。
3　スーザンは９時に夕食を食べます。

　　絵には９時を示す時計と女の子が歯をみがいている様子がかかれているので，１が適切です。

No.20

1　It's rainy.
2　It's cloudy.
3　It's windy.

1　雨です。
2　くもりです。
3　風が強いです。

　　天候を表す語の聞き取りがポイントです。絵には風が強く吹いている様子がかかれているので，３が適切です。

No.21

1　Jessica is washing her face.
2　Jessica is washing her hands.
3　Jessica is washing her hair.

1 ジェシカは顔を洗っています。
2 ジェシカは手を洗っています。
3 ジェシカは髪の毛を洗っています。

✍ 体の部位を表す語の聞き取りがポイントです。絵では，女性が手を洗っているので，hands を使っている2が適切です。

No.22

🔊

1 It's four oh five.
2 It's four fifteen.
3 It's four fifty.

----

1 4時5分です。
2 4時15分です。
3 4時50分です。

✍ 数の聞き取りがポイントです。絵の時計が示しているのは「4:15」なので，2が適切です。1の four oh five は「4:05」のことで，「0」を oh と言い表しています。

No.23

🔊

1 Emily is eating breakfast.
2 Emily is eating lunch.
3 Emily is eating dinner.

----

1 エミリーは朝食を食べています。
2 エミリーは昼食を食べています。
3 エミリーは夕食を食べています。

✍ 絵には夜に食事をしている女の子がかかれているので，dinner を使っている3が適切です。

1　Mr. Brown is in the kitchen.

2　Mr. Brown is in the bedroom.

3　Mr. Brown is in the bathroom.

1　ブラウンさんは台所にいます。

2　ブラウンさんは寝室にいます。

3　ブラウンさんは浴室にいます。

家の中の部屋を表す語の聞き取りがポイントです。絵は男性が料理をしている様子を示しているので，kitchen（台所）を使っている1が適切です。

1　You can't eat here.

2　You can't talk here.

3　You can't run here.

1　ここで食べてはいけません。

2　ここで話してはいけません。

3　ここで走ってはいけません。

絵には飲食を禁止する掲示がかかれています。したがって，1が適切です。

英検5級 2024年度 試験日程

第1回検定	[受付期間]	3月15日(金)〜5月8日(水)
	[一次試験]	本会場 ———— 6月2日(日)
		準会場 ———— 5月24日(金)・25日(土)・26日(日)
		5月31日(金)・6月1日(土)・2日(日)
第2回検定	[受付期間]	7月1日(月)〜9月9日(月)
	[一次試験]	本会場 ———— 10月6日(日)
		準会場 ———— 9月27日(金)・28日(土)・29日(日)
		10月4日(金)・5日(土)・6日(日)
第3回検定	[受付期間]	11月1日(金)〜12月16日(月)
	[一次試験]	本会場 ———— 2025年1月26日(日)
		準会場 ———— 1月17日(金)・18日(土)・19日(日)
		1月24日(金)・25日(土)・26日(日)

● 学校などで団体準会場受験する人は, 日程については担当の先生の指示に従ってください。
● 受付期間や試験日程は, 下記ホームページ等で最新の情報を事前にご確認ください。

公益財団法人 日本英語検定協会	HP https://www.eiken.or.jp/eiken/
	電話 03-3266-8311

2024年度 英検5級過去問題集

編集協力　株式会社ファイン・プランニング　株式会社メディアビーコン
　　　　　上保匡代, 佐藤美穂, 宮崎史子, 村西厚子, 森田桂子, 脇田 聡, 渡邉聖子
音声制作　一般財団法人 英語教育協議会(ELEC)
ナレーション　Jack Merluzzi, Rachel Walzer, 水月優希
　　　　　Howard Colefield, Jennifer Okano
英文校閲　Keith McPhalen
デザイン　小口翔平＋嵩あかり＋村上佑佳(tobufune)
イラスト　MIWA★, 日江井 香, 合資会社イラストメーカーズ, 加納徳博